Silvia Contreras

Profecias: Covid Detonante hacia el Reseteo

Silvia Contreras

Profecias: Covid Detonante hacia el Reseteo

Profecias de Daniel con Notas contundentes de eventos Actuales sin Precedentes

CREDO EDICIONES

Imprint

Cover image: www.ingimage.com

Publisher:
CREDO EDICIONES
is a trademark of
Dodo Books Indian Ocean Ltd., member of the OmniScriptum S.R.L Publishing group
str. A.Russo 15, of. 61, Chisinau-2068, Republic of Moldova Europe
Printed at: see last page
ISBN: 978-613-5-42720-2

□Basada en Hechos reales□

□La Historia de **Daniel**

Introducción

Todo Comenzó en Mesopotamia cuna de la civilización humana por donde corre el rio Eufrates y el Tigris.

Muchas generaciones mas tarde aparecieron civilizaciónes como los sumerios-acadios antes del diluvio.

Después del diluvio con tan solo 8 humanos, entre ellos los hijos de Noe, comenzo de nuevo la humanidad.

Generaciones después apareció Nimrod conocido como el mejor cazador del mundo (genesis 10:9)

Según registros bíblicos fue descendiente de Cam uno de los hijos de Noe, este primer guerrero heroico de la tierra (1 crónicas 1:10) Nimrod, fue el fundador de Babel que mas tarde se convertiría en Babilonia, Un Reino que llego a ser tan fuerte que conquisto y absorbió el Territorio de Asiria, siendo Babilonia uno de los primeros imperios mas poderosos sobre la tierra.

Israel □□ el pueblo más pequeño, fue llamado por Dios con Abraham para una Gran misión, pero la pequeña Israel pecó deliberadamente con su idolatría y rebeldía dándole la espalda a Dios, siendole tan infiel espiritualmente, que aun cuando Dios advirtió durante mas de 500 años con sus profetas sobre el castigo inminente que les vendría! sus reyes y su habitantes no quisieron escuchar, mas bien pecaron aun mas que nunca, hasta que el colmo de sus pecados subieron al cielo con los actos perversos de muchos reyes entre ellos el rey Joacin, este Rey de Juda era muy Malvado y aunque fue advertido por profetas como Jeremías! para que se arrepintiera, El no quiso hacer caso e insistió en su pecado llevando a el pueblo de Israel a pecar de gran manera contra El Señor Dios.

(2 Crónicas 36:5) Joacim tenía veinticinco años cuando subió al trono y reinó en Jerusalén once años. **Él hizo lo malo a los ojos del Señor su Dios.**

6 Luego el rey Nabucodonosor de Babilonia fue a Jerusalén y la conquistó, **sujetó a Joacim con cadenas de bronce y lo llevó a Babilonia.**

2 Crónicas 36:8 Los demás acontecimientos del reinado de Joacim, incluidas todas las maldades que cometió y todo lo que se descubrió en su contra, están registrados en El libro de los reyes de Israel y de Judá.

---------CAPITULO 1-------

Daniel 1 1-2 El rey Nabucodonosor de **Babilonia llegó a la ciudad de Jerusalén para conquistarla con su ejército,** y **Dios le permitió** tomar prisioneros al rey Joacín y a muchos israelitas, y llevárselos a Babilonia. **Dios también le permitió** llevarse muchos de los utensilios que se usaban en el templo de Jerusalén. Nabucodonosor se los llevó y los juntó con los tesoros que había en el templo de sus (falsos) dioses. Cuando esto sucedió, Joacín llevaba tres años de reinar en Judá.

3-5 El rey Nabucodonosor quería tener a su servicio **gente joven y bien parecida, que no tuviera ningún defecto; además deberían saber de todo.** Por eso ordenó que, de **entre los prisioneros israelitas, le llevaran los jóvenes más inteligentes y de las mejores familias.** Durante tres años, esos jóvenes comerían y beberían lo mismo que el rey; mientras tanto, **estudiarían y aprenderían el idioma y la cultura de los babilonios.** Pasado ese tiempo, ellos entrarían a servir en el palacio del rey.
Aspenaz, jefe de los que servían en el palacio, se encargaría de cumplir las órdenes del rey.

Daniel y sus amigos en el palacio del rey de Babilonia

6 Entre los que fueron llevados al palacio del rey estaban **cuatro jóvenes de la tribu de Judá.** **Se llamaban Daniel, Ananías, Misael y Azarías,** **7** pero el jefe de los sirvientes del palacio **les cambió el nombre.** A **Daniel le puso Beltsasar, a Ananías le puso Sadrac, a Misael le puso Mesac, y a Azarías le puso Abed-nego.**

8 Daniel decidió no comer ni beber lo mismo que el rey, porque para él eso era un pecado. Por eso le pidió a Aspenaz que no los obligara a pecar ni a él ni a sus amigos, comiendo esos alimentos. **9** Y aunque **Dios había hecho que Daniel le cayera bien a Aspenaz,** **10** de todos modos Aspenaz le dijo:

«El rey ya decidió lo que ustedes deben comer y beber. Y yo le tengo miedo. Si llega a ver que ustedes tienen cara de enfermos, mientras que los otros jóvenes se ven sanos, me mandará matar. Y de eso ustedes tendrán la culpa».

11 Entonces Daniel fue a hablar con quien estaba encargado de cuidar de él y de sus amigos, y le dijo:

12 «Nosotros somos sus humildes servidores. Yo le ruego a usted que haga con nosotros **una prueba de diez días. Durante ese tiempo, denos usted de comer solamente verduras, y de beber solamente agua.** **13** Pasados los diez días, compare usted nuestra cara con la de los jóvenes que comen lo que come el rey. Entonces podrá usted hacer con nosotros lo que le parezca mejor».

14-15 El encargado de cuidarlos aceptó hacer lo que Daniel le propuso, y **diez días después Daniel y sus amigos se veían más sanos y fuertes que los jóvenes que comían lo mismo que el rey.** **16** Entonces el encargado de ellos dejó de darles el vino y la comida que estaban obligados a beber y comer, y en vez de eso les daba a comer verduras.

□ **Nota** : y es que **daniel y sus amigos eran judíos y ellos comían kosher es decir alimentos especiales establecidos por Dios a Moisés en el antiguo pacto o antiguo testamento**, por lo cual los jóvenes judíos procuraban obedecer a Dios y para evitar pecar alimentándose con comida contaminada de Babilonia, asi que decidieron solo comer verduras y agua ademas de estar en continua oración a Dios (fue como una especie de ayuno parcial).

17 Estos cuatro jóvenes recibieron de Dios mucha inteligencia y sabiduría para entender toda clase de libros y de ciencias. Además, **Daniel podía entender el significado de los sueños y las visiones.**

18 Cuando se cumplió el plazo que el rey había puesto, Aspenaz llevó a los jóvenes ante el rey Nabucodonosor. **19** El rey conversó con todos los jóvenes, **pero no encontró entre todos ellos uno solo tan inteligente como Daniel y sus amigos Ananías, Misael y Azarías. Por lo tanto, los cuatro se quedaron al servicio del rey,**

20 haciendo todo lo que el rey les pedía, aunque lo hacían mejor y con más sabiduría que todos los sabios y adivinos del reino juntos.

□ **Nota:** Los sabios y adivinos de babilonia eran politeístas ellos no creían en Dios)

21 Fue así como **Daniel se quedó en Babilonia hasta un año después de la llegada del rey Ciro de Persia**.

***Nota**: el Imperio de **Persia es la actual Irán.**

Cómo el imperio de **Babilonia es la actual Irak**

----------------Capitulo 2

El sueño de Nabucodonosor

2 1-2 En cierta ocasión, el Rey Nabucodonosor tuvo unos sueños muy extraños, y se quedó tan inquieto que ya ni dormir podía. Entonces mandó llamar a todos los sabios y adivinos que había en su reino, pues quería que le dijeran qué significado tenían sus sueños. Cuando esto sucedió, Nabucodonosor llevaba dos años de ser rey. Los sabios y adivinos se presentaron ante el rey, **3** y el rey les dijo:
—Tuve un sueño, y me preocupa no saber lo que significa.

4 Como los sabios hablaban arameo, le contestaron al rey en ese idioma:
—Nosotros estamos para servir a Su Majestad, y le deseamos muchos años de vida. Si Su Majestad nos cuenta su sueño, nosotros le diremos lo que significa.

5-6 El rey les contestó:

—Ya he tomado una decisión. **Si ustedes me dicen lo que soñé y lo que el
sueño significa**, yo les daré muchos regalos y haré que todos les rindan
honores. Pero si no me dicen lo que soñé, ni lo que el sueño significa,
mandaré que los partan en pedazos y que conviertan sus casas en basureros.
Más les vale, entonces, decirme lo que soñé y lo que quiere decir.

7 Los sabios volvieron a decirle:
—Si Su Majestad nos cuenta lo que soñó, nosotros le diremos lo que significa.

8-9 El rey les dijo:
—Creo que ustedes quieren ganar tiempo. Se están poniendo de acuerdo para
decirme puras mentiras. Pero mi decisión no va a cambiar. Díganme qué fue
lo que soñé, y así sabré que son capaces de decirme lo que significa. Si no me
lo dicen, mandaré que los castiguen a todos.

10 Los sabios se defendieron:
**—Nunca ningún rey, por más poderoso que fuera, les ha pedido a sus
sabios y adivinos responder a algo tan difícil. Ni hay nadie en el mundo
capaz de adivinar lo que Su Majestad quiere saber. 11** Tal vez los dioses
(nota: falsos) podrían darle una respuesta, ¡pero ellos no viven en este mundo!

12 Al oír esto, el rey se enojó mucho y mandó que mataran a todos los sabios
que vivían en Babilonia, **13** así que también buscaron a Daniel y a sus amigos,
para matarlos.

14 El jefe de los soldados del rey, que se llamaba Arioc, se dispuso a matar a
todos los sabios de Babilonia, **15** pero **Daniel fue a verlo, y con mucho
tacto** le preguntó por qué había ordenado el rey matar a todos los sabios.
En cuanto Arioc le explicó la razón de la orden, **16** Daniel fue a hablar con el
rey y se comprometió a explicarle el significado del sueño. Pero le dijo que,
para eso, necesitaba un poco más de tiempo. **17-18** Después fue a su casa,
y **allí les contó a sus amigos lo que pasaba. También les pidió que oraran
a Dios por él, para que no les pasara nada ni a él ni a ellos, ni a los sabios
de Babilonia.**

**19 Esa misma noche, Dios ayudó a Daniel y le aclaró el misterio del
sueño. Entonces Daniel bendijo a Dios con estas palabras:**

20
Dios mío,
sólo tú eres sabio y poderoso.
¡Bendito seas por siempre!

21-22
Tú eres el Dios de la historia.

Todo en el mundo sucede
porque quieres que suceda.
A unos los haces reinar,
y a otros los quitas del trono.
Tú haces que los sabios entiendan
los misterios más profundos.
Donde tú te encuentras
no hay lugar para las sombras,
porque **la luz eres tú.**
23
A ti, Dios de mis padres,
te doy gracias y te alabo,
porque **me has hecho entender**
qué fue lo que el rey soñó.

24 Después de eso, Daniel fue a ver a Arioc y le dijo: «Antes de que mate
usted a alguien, lléveme a ver al rey. Yo le voy a explicar lo que quiere decir
su sueño».
25 Enseguida Arioc presentó a Daniel ante el rey, y le dijo: «Tengo aquí a un
jovencito, de los que trajimos de Judá. Dice que él puede decir a Su Majestad
lo que significa su sueño».
26 En Babilonia conocían a Daniel con el nombre de Beltsasar. Entonces el
rey le dijo a Daniel:
—¿Así que tú vas a decirme lo que soñé, y lo que significa mi sueño?
27 Y Daniel le contestó:
—No hay ningún sabio ni adivino capaz de adivinar lo que Su Majestad
quiere saber. **28-30** Yo mismo, no soy más sabio que nadie. Pero en el cielo
hay un Dios que conoce todos los misterios.

»Mientras Su Majestad dormía, pensaba mucho en el **futuro** y comenzó a
soñar. Pues bien, **Dios ha hecho ver a Su Majestad, en esos sueños, lo que
está por suceder.** Y a mí, me ha dado a conocer el significado de esos sueños.
31 »Su Majestad soñaba que veía una estatua muy grande y fea, la cual le
causaba mucho miedo. **32 La cabeza de la estatua era de oro puro, el pecho
y los brazos eran de plata, el vientre y los muslos eran de cobre, 33 y las
piernas eran de hierro. ¡Pero los pies eran de una mezcla de hierro y
barro!**

34 »Mientras Su Majestad contemplaba la estatua, **una piedra que nadie
arrojó vino rodando, golpeó a la estatua en los pies, ¡y la estatua se vino
abajo! 35** Todos los metales de la estatua se hicieron polvo. Y enseguida **vino
un viento muy fuerte, y se llevó todo eso como si fuera paja.** Nunca volvió
a encontrarse **nada de la estatua**. Sin embargo, **la piedra** que golpeó la
estatua llegó a ser **una gran montaña. ¡Era tan grande que llenaba toda la
tierra!**

36-38 »Este sueño quiere decir que Su Majestad es el rey más poderoso de todos los reyes. Su Majestad es **la cabeza de oro, (imperio de Babilonia)** pues el Dios del cielo lo ha hecho rey y le ha dado mucho poder y mucha honra. También le ha dado poder sobre toda la gente que vive en la tierra, y sobre todos los animales que hay en la tierra y en el cielo.

39 »Después de Su Majestad habrá otro rey, menos importante que usted. **(Imperio medo-persa)** Luego vendrá **un tercer rey, representado por el cobre**, que dominará toda la tierra. **(Imperio Griego) 40** Por último, vendrá **otro rey que tendrá la fuerza del hierro**. Este rey vencerá a los otros reyes, así **como el hierro vence a los otros metales**. **(Imperio Romano)**

41-42 »Su Majestad vio en su sueño que **los pies de la estatua eran de hierro** y de **barro**. Eso quiere decir que el último reino estará dividido. **Será fuerte como el hierro, pero también será débil como el barro**. **43** La mezcla de hierro y barro en sus pies quiere decir que este reino tratará de mantenerse unido. Para eso, habrá matrimonios entre las familias de diferentes reinos. **Pero así como no es posible unir el hierro con el barro, tampoco será posible que ese reino se mantenga unido.**

Nota: Este es el 4to imperio mundial que nace de las cenizas de el imperio romano, y en el que estamos a punto de entrar pues ya la Onu, entre otras organizaciones globalistas han decretado que estamos en la transición a el gran reseteo mundial hacia la 4to revolucion industrial o sistema Global.

Asi que Estamos en la linea del tiempo de la transcicion hacia ese ultimo sistema bestial del que nos habla la biblia (los pies los dedos, la parte final de la estatua)

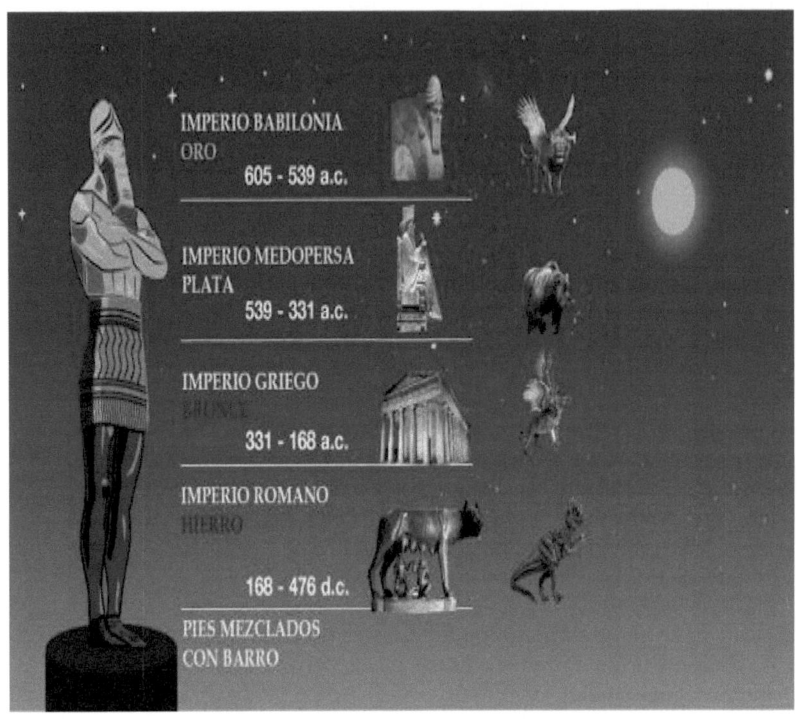

La Roca es JESUSCRISTO que destruye al final de Apocalipsis ese sistema Humano Bestial

***Nota:** Este 4to Imperio Mundial Final (Los Pies de metal y de barro y sus 10 dedos de la estatua mencionada arriba) que esta naciendo actualmente de el antiguo imperio Romano Transformado en un Imperio de 10 países, es decir, un sistema de 4ta potencia mundial conformado por 10 países fuertes y debiles estos simbolizan: la mezcla de Hierro y barro de la estatua que vio Daniel en el sueño de Nabucodonosor y finalmente los 10 dedos de los pies de la estatua son los 10 países o Reinos/Reyes mencionados tambien en apocalispsis como los 10 cuernos o Reyes/Reinos)

Ahora mismo estamos viendo el inicio de la transformación de este 4to imperio,
ya decretado por la Onu como el Gran Reseteo hacia la cuarta Revolución industrial: basado en la inteligencia artificial, computación Cuántica, Blockchain, Edicion de genes (terapia genica y CRISPR) para ser aplicado en humanos y en el ecosistema (llamado genética dirijida) inclusive ya modificaron geneticamente ratas y mosquitos para incluirlos en el ecosistema natural, como fue el caso de Nueva Zelanda donde ya liberaron ratas de genetica dirigida o gene drives a el ecosistema natural, ocasionando un impacto irreversible en nuestra fauna, consecuencias que ellos mismos dicen que ignoran, por lo cual estan experimentando con esa isla de Nueva Zelanda
(pueden verlo en ingles en esta pagina oficial de la biblioteca nacional de medicina y salud de los Estados Unidos)

https://www.ncbi.nlm.nih.gov/pmc/articles/PMC5689824/

Y en otras partes del mundo como africa Burkina Faso estan liberando mosquitos modificados genéticamente.

Ademas de la Geoingenieria climática como el control del sol, proyecto, que desea llevar a cabo Bill gates, es decir ademas desean modificar deliberada y a gran escala nuestro clima terrestre

Todo eso y mas engloba la 4ta revolución que tiene como objetivo fundamental la identificación digital mundial para la agenda del año 2030 denominado ID2020 ver en su página oficial ID2020.org patrocinado y promocionado por la Onu.
leer Apocalipsis capitulo 13 versos 16,17 y 18

Su lema es: transformando nuestro mundo hacia un nuevo orden mundial.

aqui la evidencia en la pagina en ingles del foro económico mundial, un organismo global como la Onu, pueden ver En el centro la palabra **4ta Revolución Industrial** y alrededor como estará conformada, aparece palabras como Blockchain, inteligencia artificial, Biotecnología (tiene que ver con la edicion, alteración del libro de la vida o ADN humano y el ADN del ecosistema) etc

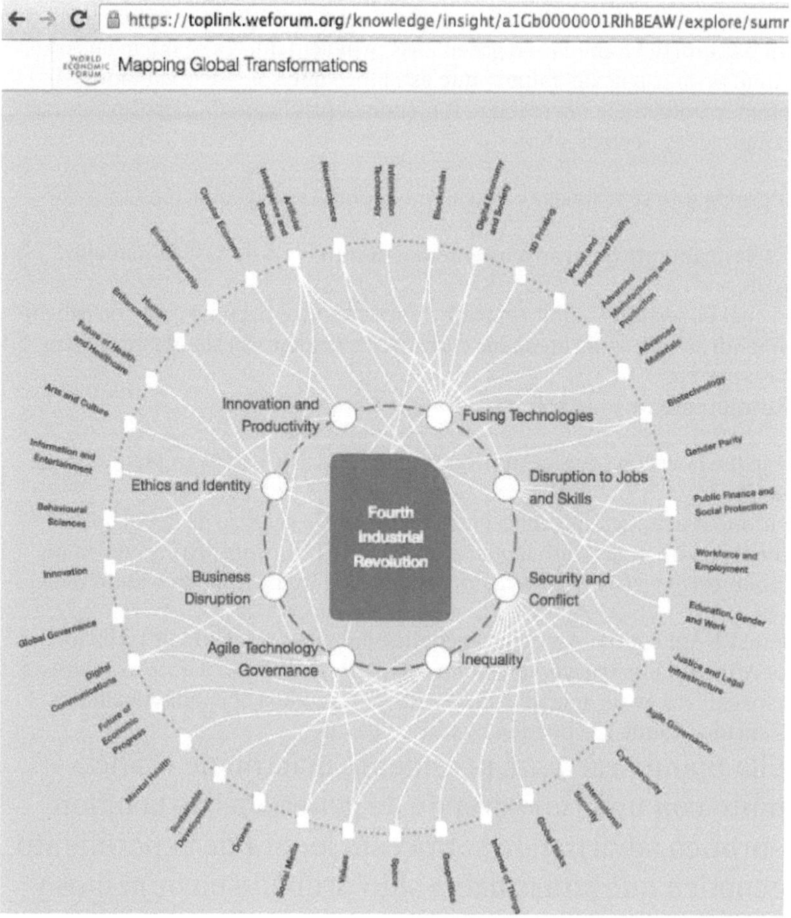

Entre los países que estan al frente de la conformacion de este sistema denominado la 4ta revolución, que sabemos que es **la cuarta bestia están : Estados Unidos, China, Union Europea, Rusia, Reino Unido entre otros.**

Debemos entender que cuando termine la conformacion de este **4 sistema bestial con los 10 reinos o países que lo lideraran junto con el anticristo**, entonces para ese momento **ya habra iniciado apocalispsis.**

Ahora mismo estamos viviendo la pandemia que es es solo el detonante para la transcicion hacia ese nuevo orden mundial, luego hay un plan masivo de vacunación genica o experimento genético con la intención de un pasaporte biometrico o green pass proyecto que ya se inicio en Israel como primer país del mundo que establece que solo los vacunados pueden volver a la normalidad teniendo el privilegio de asistir a centros comerciales, teatros, etc.

Pero de que se trata ese experimento genético o vacunación Genica?

Es básicamente que van a interactuar con tu libro de la vida llamado ADN,
el cual posee toda la información genetica sobre ti, como color de cabello, si tendras o no enfermedades congénitas, como es tu sistema nervioso, organos etc
Absolutamente todo sobre ti.

Asi que la vacuna genica interactúa con tu ADN y eso ya es Manipular el ADN
entonces esa vacuna genica entra en tu ADN o tu libro de la vida por medio de un mensajero llamado MRNA o RNAm sintético creado en un laboratorio y envuelto en nanoparticulas de lípidos también sintéticos.

Este RNAm contiene material genetico del virus, y siendo introducido en tu ADN le da instrucciones, como explicaba la doctora francesa genetista especialista en terapia genica de ARN por 12 años, llamada Alexandra Henrion- Caude (la pueden buscar en twitter).

Ella manda cartas al presidente macron de Francia junto con un grupo grande de genetistas de la union europea advirtiendo sobre esta locura de experimento genético que jamas había sido probado en humanos y que apenas estaba en fase de experimentación en animales y que ahora le llaman vacuna, siendo este tipo de vacuna generacional o genica la primera en la historia de la humanidad.

Aqui un video que no han podido eliminar porque casi todos los videos de la doctora Alexandra hablando sobre la vacuna lo eliminan.

https://brandnewtube.com/watch/the-genetically-engineered-experimental-covid-vaccines-geneticist-dr-alexandra-henrion-caude_Tne1PosvrQCzMHu.html

Pueden copiar y pegar el link en el buscador de su computadora para verlo pero esta en ingles

Aqui en esta foto una breve explicación

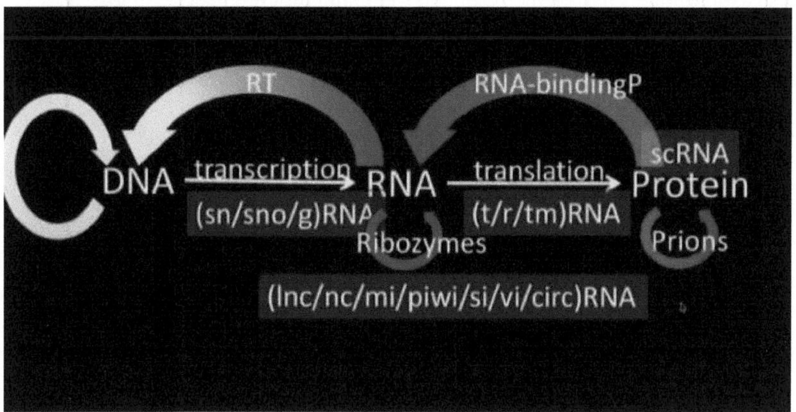

Asi como en francia esta la doctora Alexandra reuniendo a la gente en Paris, en argentina esta el doctor genetista luis marcelo martinez reuniendo la gente en plaza de mayo Argentina, en serbia la doctora Joana stojkovic tambien reunia a la gente y le advertia pero ahora esta presa por hablar la verdad y asi muchos doctores y genetistas a nivel mundial estan advirtiendo

Sigamos con la explicación asi que el RNAm entra en tu ADN traduciendo la informacion genetica del virus a tu ADN y dandole instrucciones a tu ADN para la produccion de una proteína en este caso llamada spike, una proteina que tu cuerpo no producia naturalmente, entoces este ARNm mensajero sintético que ellos ademas llaman software o App le ha dicho a tu ADN que produzca miles de copias de esa proteína eso es modificación o alteración de tu ADN, pero la elite y todos esas grandes industrias farmaceuticas lo niegan y toman por tonta a la gente porque saben que las personas comunes no entienden sobre estos terminos y confian en el sistema.

Las dimensiones de las consecuencias de esta vacuna genica ni los mismos genetistas las saben pero los especialistas en genetica dicen que si o si habran consecuancias a corto, mediano y largo plazo en cada individuo que decida que le hagan ese experimento genetico el cual heredara esa modificacion a su descendencia.

Como dijo la doctora arriba mencionada Alexandra caude que estan realizando un experimento genetico de transgenesis, es decir, ya las grandes corporaciones hacen alimentos transgénicos que son modificaciones del ADN

por eso ustedes verán tomates o manzanas gigantes de distintos colores pero sin sabor por ejemplo!
esos son tomates transgénicos, bueno lo mismo quieren hacer con los humanos pero en vez de inyectar material genetico humano estan inyectando material genético de un virus modificando de por vida su genoma humano su ADN el libro de la vida con millones de letras que tiene un autor divino y es DIOS.

Y que ahora pretenden editar cortando letras, agregando y arrancando hojas es decir dañando la originalidad y autenticidad del libro de tu vida ADN de por vida.

Eso va en contra de los derechos humanos son crímenes de Iesa humanidad.

Aqui dejo una foto de el libro de la vida o ADN HUMANO al que ellos ven como una computadora organica y le llaman tambien software de la vida
Ven las letras del ADN = ATGC

Esas letras forman un puente un patrón repetitivo en todo el ADN asi:

10 Acidos Nucleicos Colocados
5 Acidos
6 ácidos Colocados
5 ácidos

Un patron Que nunca cambia.

Cuando vamos a el alfabeto hebreo, este posee un valor numerico por letra, a eso se le denomina Gematria.

Como sabemos el idioma original en el que fue escrita la biblia en el antiguo testamento o Tanakh fue el Hebreo, asi que los 10 mandamientos dados a Moises quien era judio/hebreo fue en hebreo obviamente asi como todos los patriarcas, profetas etc absolutamente todos en el antiguo testamento eran judios hebreos.

THE 22 HEBREW LETTERS AND THE NUMERICAL VALUES										
1	2	3	4	5	6	7	8	9	10	11
א	ב	ג	ד	ה	ו	ז	ח	ט	י	כך
1	**2**	**3**	**4**	**5**	**6**	**7**	**8**	**9**	**10**	**20**
(a) Alef	B, V Bet	G Gimel	D Dalet	H He	W, V Vav	Z Zayin	H, X Chet	T Tet	J, I, Y Yod	K Kaph
12	13	14	15	16	17	18	19	20	21	22
ל	מם	נן	ס	ע	פף	צץ	ק	ר	ש	ת
30	**40**	**50**	**60**	**70**	**80**	**90**	**100**	**200**	**300**	**400**
L Lamed	M Mem	N Nun	S Samekh	(o) Ayin	P, F Pe	Ts Tsade	K, Q Qoph	R Resh	S, Sh Shin	T Tav

Asi que buscamos el valor numérico de ese patron en el alfabeto hebreo numerico y da este resultado

El Resultado fue el nombre original de Dios dado a los israelitas con Moises YHWH, conocido como el tetragrammaton.

Asi que evidentemente y sin duda alguna DIOS o YHWH dejo su firma en Todo el libro de la vida ADN humano

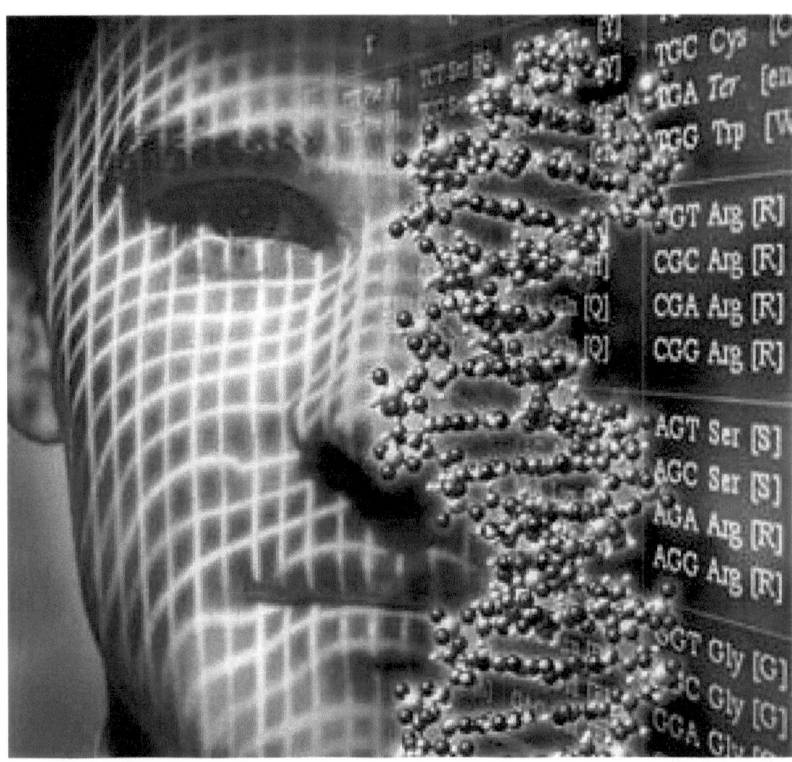

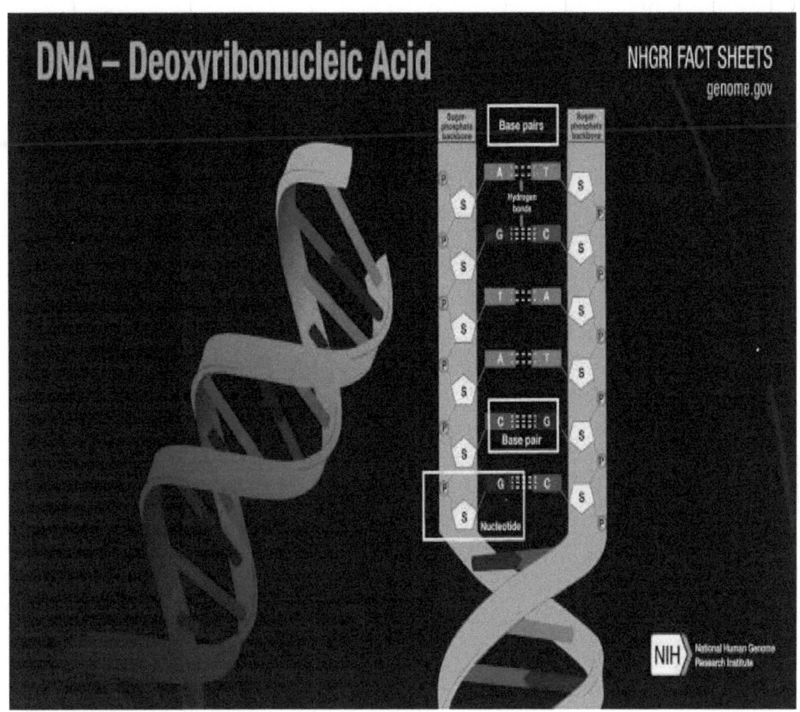

Ya sabiendo eso Ahora veamos aqui en misma la pagina de moderna, una de las grandes corporaciones que tiene el monopolio de la vacuna genica

En esta foto ellos la presentan a ese Mrna o RNAm Mensajero como un software pero sintético que da instrucciones a nuestro ADN

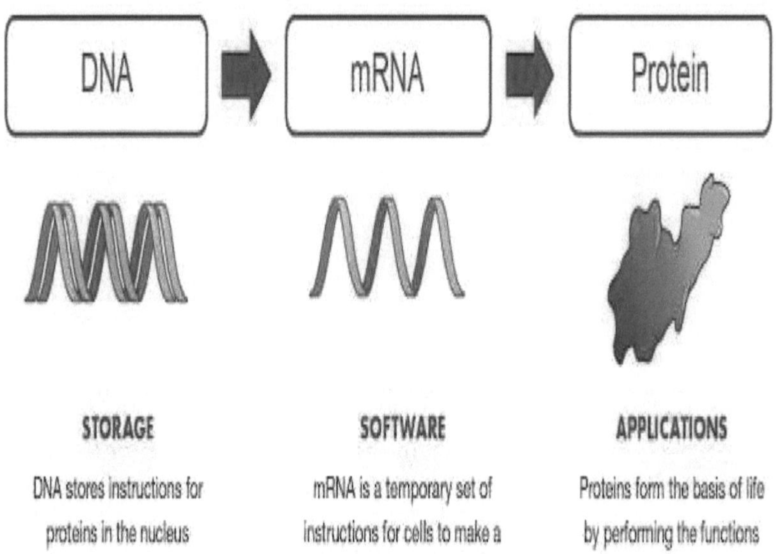

Aqui en la pagina oficial de Moderna dice claramente nuestro sistema operativo como titulo y presenta el RNAm mensajero como una droga con funciones de un sistema operativo o software de computadora o App, es presentado como un programa de software sintético que secuencia los codigos de una proteína.
Porque ya obviamente ha interactuado como mensajero transcribiendo en el ADN humano y dando instrucciónes, y ademas quedandose en el ADN, modificandolo para siempre.

Our Operating System

Recognizing the broad potential of mRNA science, we set out to create an mRNA technology platform that functions very much like an operating system on a computer. It is designed so that it can plug and play interchangeably with different programs. In our case, the "program" or "app" is our mRNA drug - the unique mRNA sequence that codes for a protein.

We have a dedicated team of several hundred scientists and engineers solely focused on advancing Moderna's platform technology. They are organized around key disciplines and work in an integrated fashion to advance knowledge surrounding mRNA science and solve for challenges that are unique to mRNA drug development. Some of these disciplines include mRNA biology, chemistry, formulation & delivery, bioinformatics and protein engineering.

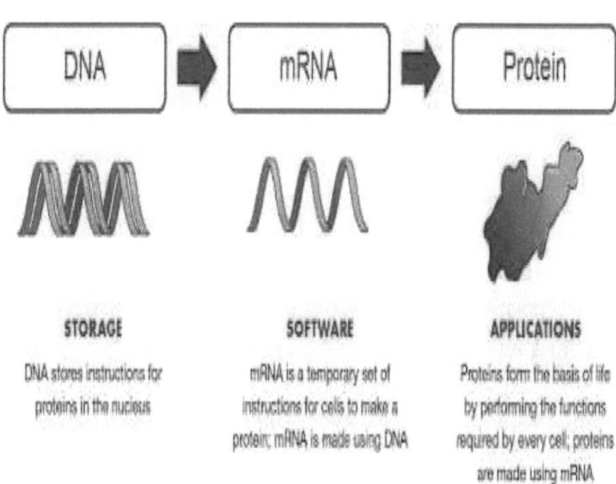

https://www.modernatx.com/mrna-technology/mrna-platform-enabling-drug-discovery-development

y en esta otra foto el Dr Tal Zaks director medico de moderna vacunas genicas dice esto

 trikooba.com/2021/03/10/cientifico-principal-de-moderna-en-realidad-estamos-pirateando-el-software-de-la-vid

Científico principal de Moderna: «En realidad, estamos pirateando el software de la vida»

10 de marzo de 2021

El veterano periodista de investigación Leo Hohmann descubrió una presentación de Ted Talk de 2017 del Dr. Tal Zaks. director médico de Moderna Inc., donde explica claramente en un lenguaje común lo que hace la tecnología de ARNm en las vacunas.

Entonces el doctor de Moderna dice que han logrado piratear nuestro libro de la vida al que ellos le llaman software de la vida con esa vacuna genica de RNAm.

Y Recuerden que seran varias dosis d ese experimento dicen que sera anual asi que ese veneno ira modificando mas y mas el ADN humano.

Ahora bien yo no tengo que ser académica ni especialista para ver que algo extraño esta pasando! Dios me dio un sentido comun, y es sencillo comprender que
Sars-cov2 o Covid-19 de la familia del coronavirus es un virus que aun No conocen bien según ellos y que apenas estan comprendiendo este virus y que este muta o tiene variantes prácticamente a cada rato, Y que ademas la vacuna genica no garantiza la inmunidad a esas variantes o mutaciones y que asi te vacunes debes seguir usando mascara y debes seguir inyectandote mas dosis.

Y si no lo conocen muy bien al virus como es que ya sacaron una vacuna generacional o genica en cuestion de meses cuando una simple vacuna normal o convencional tarda entre 5 a 10 años.

Pero esta es una vacuna genica es la primera en la historia de la humanidad ya la han sacado en tiempo Record en cuestión de meses. Eso no tiene sentido

Cabe destacar que la vacuna tambien recolecta data de salud y esta ocasionando la muerte de muchas personas, mientras que a otras las deja con daños irreversibles, pues cada organismo reacciona distinto ante ese RNAm sintetico.

Dicho por los mismos genetistas: Si o Si habran consecuencias a corto, mediano o largo plazo.

En cuanto a las muertes solo en EEUU, la Data de la pagina oficial del centro de control y prevención de desastre de los Estados Unidos, muestra 1330 muertes solo de Pfizer y moderna desde dic hasta la presenta fecha eso significa 332 muertes por mes y casi 12 muertes por dia solo por estas 2 vacunas, y esa es la Data que nos muestran oficialmente ahora imaginemos el trasfondo que hay.

https://wonder.cdc.gov/controller/datarequest/D8;jsessionid=AC48F82C2C793C625EE0C0094CDB

(copiar y pegar esta pagina en el buscador de su computadora y ver la data al principio y revisar al final de la pagina Aparece causa categoría : muerte y el tipo de las vacunas.\

Sabemos que todas esas vacunas son experimento genetico llamese sputnik de rusia o jhonson & jhonson etc todos elllos aplican vacuna generacional o vacuna genica y son las que tienen el monopolio de ese tipo de vacunas genicas, las prieras en la historia de la humanidad.

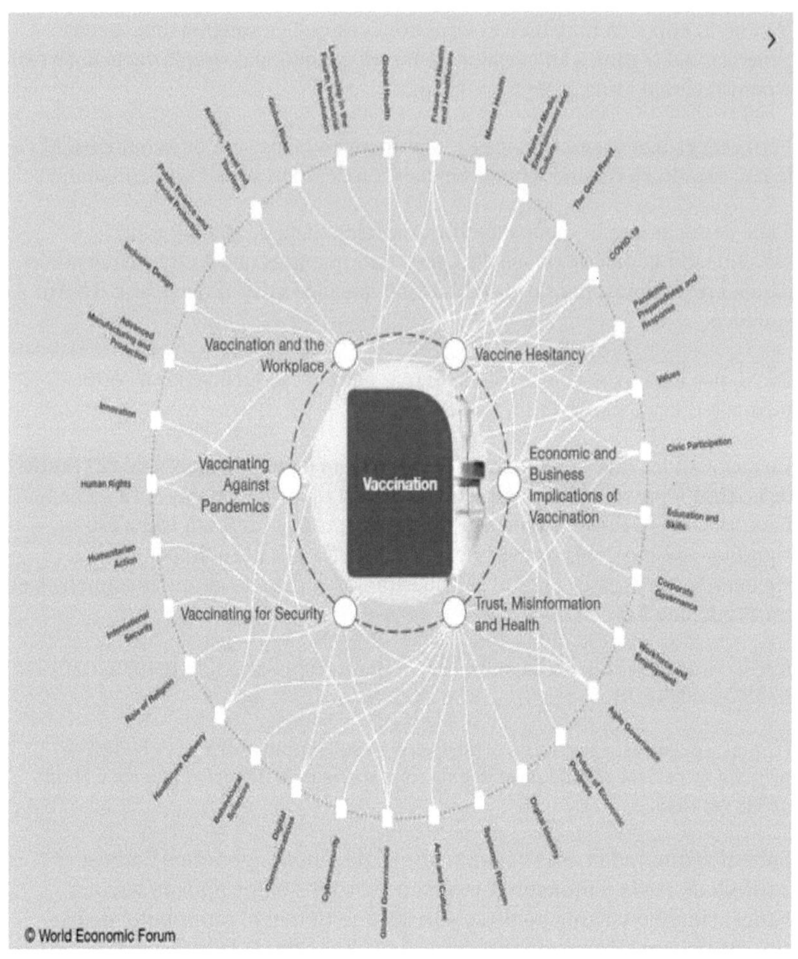
Vaccination
Vaccination and the Workplace
Vaccine Hesitancy
Vaccinating Against Pandemics
Economic and Business Implications of Vaccination
Vaccinating for Security
Trust, Misinformation and Health
© World Economic Forum

Health · Identity · News

ICC, Mastercard, IBM join ID2020 Good Health Pass initiative

February 10, 2021 · by Ledger Insights

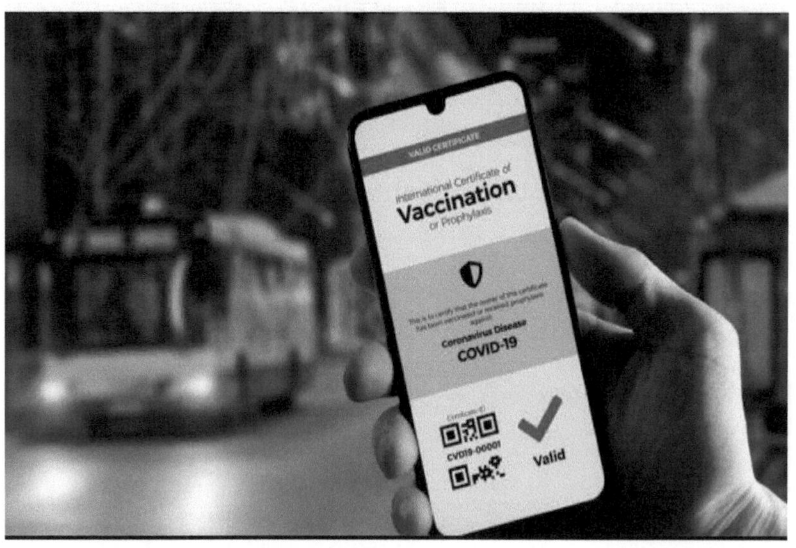

Esta Vacuna genica RNAm **forma parte de los pasos vinculados** hacia la marca de identificación mundial(ID2020) que esta bajo la patente de WO 2020 **060606** por Microsoft (pueden investigarla en google en patentes)

Reunion de las Naciones Unidas (Onu) sobre la identificación mundial ID2020

ID2020

The Need for Good **Digital ID** is Universal

Asi esta en la pagina del ID2020.org y dice la Necesidad para una buena **identificacion digital es Universal.**

Inclusive en su pagina claramente dicen que estan identificacion digital mundial se establece bajo el codigo numero **6** de la humanidad, y se encuentra como el objetivo numero 1**6** de los 17 objetivos y esta basado en La **Paz**, y ademas que esta identificación mundial se promulgo por primera vez en el 201**6** en davos(suiza). Y fue patentado bajo este código WO 2020 **060606**

Ya estando claros sobre esta Marca de identificación mundial tan terrorífica con la cual No se podra comprar ni vender porque tendra toda tu informacion como Data de salud, permiso de trabajo, datos bancarios, informacion de nacimiento absolutamente Todo sobre ti!

Y Primero sera descargable en una App en Tu celular y después en el tiempo sera un dispositivo implantado en el cuerpo quizás un microchip u otro dispositivo lo cierto es que todos esos detalles de esa macabra Marca de identificación Mundial esta en la Patente WO 2020 060606 arriba descrita y tambien en la pagina de ID2020 ademas esta en la publicidad de su aliado Accenture (verlo en su pagina) quien llevara el Blockchain.

https://www.accenture.com/be-en/insight-blockchain-id2020

OUR SOLUTION

Datos biometricos de los 10 dedos, mas reconocimiento facial que ya esta en los celulares, pero este sera mas avanzado y el cual funcionara mejor con distanciamiento social, ademas del escaneo del iris del ojo, reconocimiento de voz, y todo eso y mas estará en la Data del Blockchain

Y despues Aparecera el implante del dispositivo eso sucederá cuando aparezca el anticristo que por supuesto ya nacio y ya esta! solo que aun no hace su aparicion formal, y entonces cuando este ser maligno haga su aparicion exigira la marca de identificacion mundial la cual sera implantada y deshumanizara a la gente por eso en la biblia dice que todo aquel que se coloque esa marca **se pierde para siempre!!es decir su destino sera el lago de fuego y azufre,** pues el ser humano con ese dispositivo en su ser, sera reducido a una cosa u objeto estará deshumanizado, ya no podra elegir mas.

accenture
Insights
Services
Industries
Careers
About Accenture
ID2020: DIGITAL IDENTITY
"Everyone shall
have the right to
recognition
Establishing a Trusted Identity with Blockchain
Compartir

FaceMe®
The World's Leading
AI Facial Recognition Engine
@Connect:ID 2020
connect:ID 2020
March 11-12, 2020
booth #545
Walter E. Washington Convention Center
Washington, DC

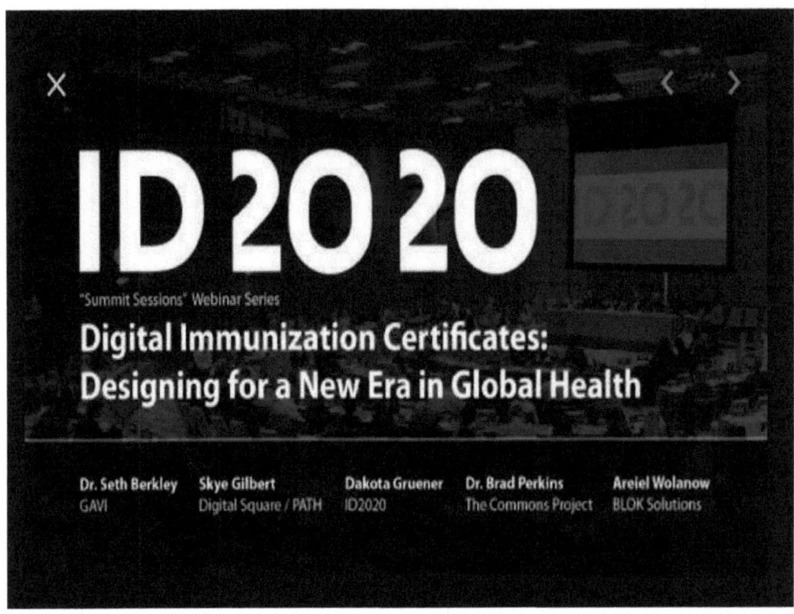

Ahora veamos como El Corona virus (Covid-19) y vacunación Genica (Experimento Genético) masivo con recolección de Data, van a dar inicio a el **Gran Reseteo mundial** como lo dice la Onu, Foro economico mundial, Banco mundial y todas las organizaciones globalistas lo cual según ellos llevara a el Inicio formal de este 4to Sistema Mundial, Que es la 4ta bestia donde liderara el anticristo junto con los 10 paises/reyes o reinos.

Veamos las evidencias que estan en la pagina en ingles del foro económico mundial Sobre: el Gran reseteo o The Great Reset que esta en azul en el centro de la foto de el Foro economico Mundial, a su alrededor esta la identificación Digital Global, Blockchain, inclusion Lgbt (homosexuales) y todo tipo de genero, ademas del empoderomiento de las mujeres Pro-aborto etc, salud global, nueva creación de una economía Digital, inteligencia artificial, drones quizás también serán usados como Vigilancia/policías, 5G, continuan con el covid-19 y mas de sus "mutaciones", Identidad digital global, 4ta revolución industrial y hay mas información alrededor del circulo de este gran reseteo que lleva a este 4 sistema bestial o la 4ta revolución industrial.

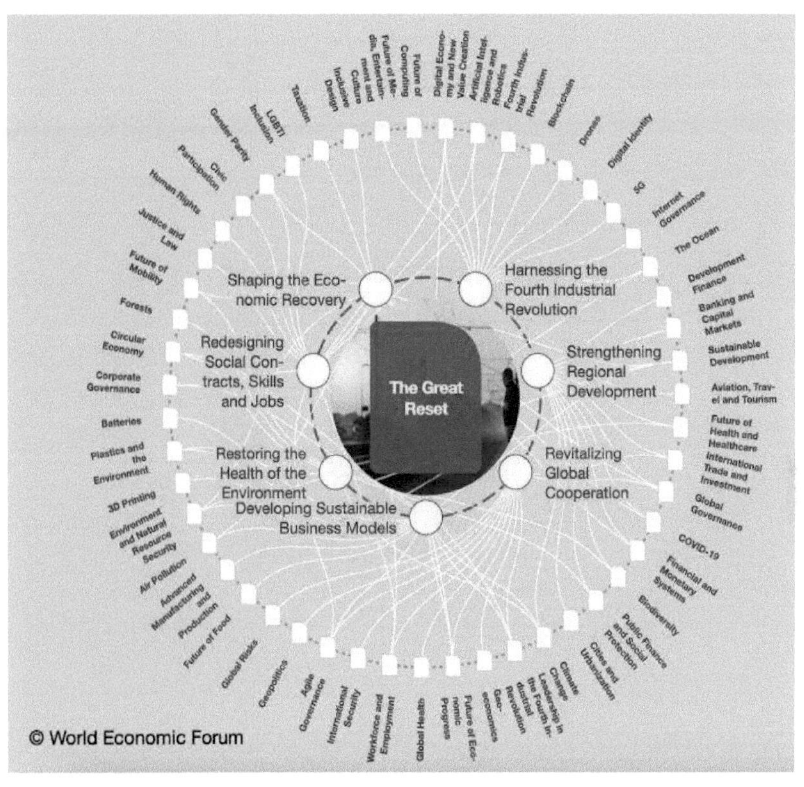
The Great Reset
Shaping the Eco-nomic Recovery
Harnessing the Fourth Industrial Revolution
Redesigning Social Con-tracts, Skills and Jobs
Strengthening Regional Development
Restoring the Health of the Environment
Revitalizing Global Cooperation
Developing Sustainable Business Models
Taxation
LGBTI Inclusion
Gender Parity
Civic Participation
Human Rights
Justice and Law
Future of Mobility
Forests
Circular Economy
Corporate Governance
Batteries
Plastics and the Environment
3D Printing
Environment and Natural Resource Security
Air Pollution
Advanced Manufacturing and Production
Future of Food
Global Risks
Geopolitics
Agile Governance
International Security
Workforce and Employment
Global Health
Future of Eco-nomic Progress
Geo-economics
Fourth Industrial Revolution
Leadership in the Fourth In-dustrial Revolution
Climate Change
Cities and Urbanization
Public Finance and Social Protection
Biodiversity
Financial and Monetary Systems
COVID-19
Global Governance
International Trade and Investment
Future of Health and Healthcare
Aviation, Trav-el and Tourism
Sustainable Development
Banking and Capital Markets
Development Finance
The Ocean
Internet Governance
5G
Digital Identity
Drones
Blockchain
Fourth Indus-trial Revolution
Artificial Intel-ligence and Robotics
Digital Econo-my and New Value Creation
Future of Computing
Future of Me-dia, Entertain-ment and Culture
Inclusive Design
© World Economic Forum

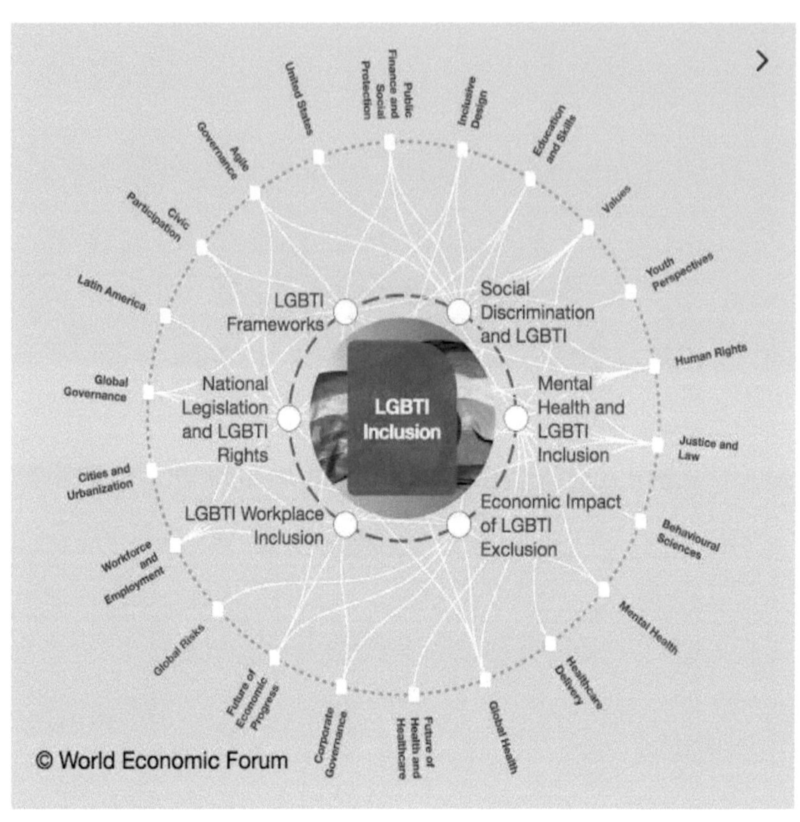

LGBTI Inclusion
LGBTI Frameworks
Social Discrimination and LGBTI
National Legislation and LGBTI Rights
Mental Health and LGBTI Inclusion
LGBTI Workplace Inclusion
Economic Impact of LGBTI Exclusion
United States
Public Finance and Social Protection
Inclusive Design
Education and Skills
Values
Youth Perspectives
Human Rights
Justice and Law
Behavioural Sciences
Mental Health
Healthcare Delivery
Global Health
Future of Health and Healthcare
Corporate Governance
Future of Economic Progress
Global Risks
Workforce and Employment
Cities and Urbanization
Global Governance
Latin America
Civic Participation
Agile Governance
© World Economic Forum

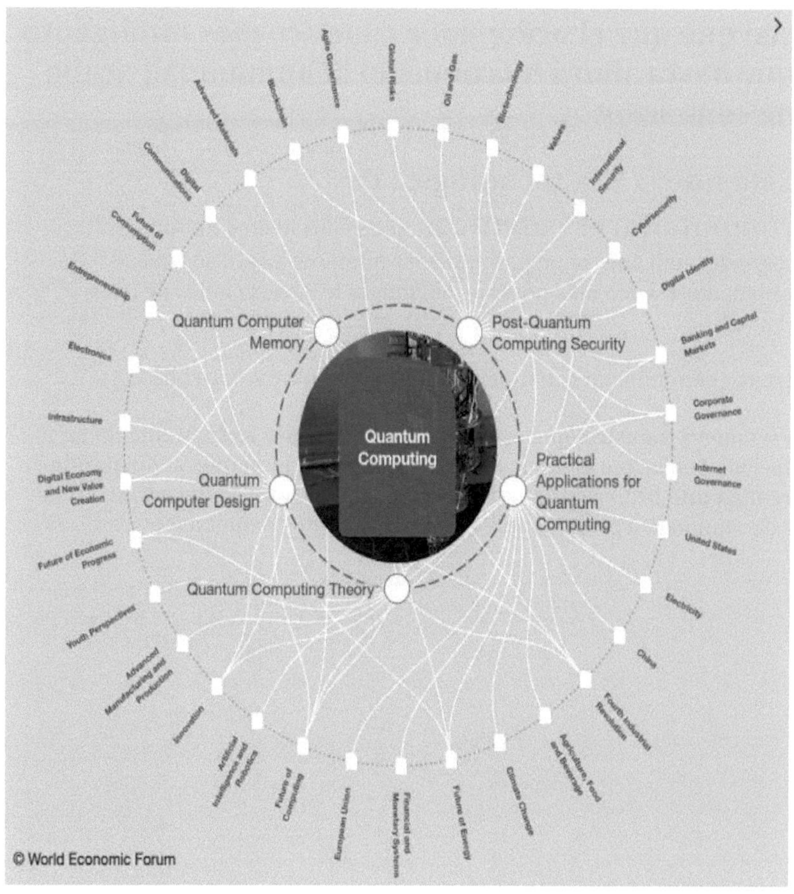

Aqui en esta ultima foto la computacion cuántica, que esta en el Centro y la cual aparecerá formalmente y mas avanzada cuando ya este creado este 4to sistema bestial, dada su naturaleza de ciencia ficcion! pero que es Muy Real, ya que la computación cuántica es radicalmente distinta a la computación clásica que conocemos y no se basa en las leyes clásicas de lo que observamos, sino que se basa en el mundo cuántico es decir en las leyes del mundo super diminuto mas diminuto que las partículas que se pueden ver en un microscopio, es decir escalas tan super diminutas de las partículas que **estas atraviesan el túnel entre este mundo material observable a el famoso mundo cuántico sub-atomico** del pais de las maravillas de el impensable incomprendido Mundo Cuántico

Asi que que el ordenador cuántico más inteligente que hasta ahora ha conocido la humanidad acaba de comenzar.

Esta nueva era tecnológica de computadores cuánticos que realizan en 3 minutos y 20 segundos una operación para calcular números aleatorios que al ordenador clásico más potente del mundo le llevaría miles de años realizar.

Logro (denominado con mucha soberbia "supremacía cuántica")

Esta nueva industria que cambiará radicalmente y Absolutamente la sociedad en la que vivimos. "Es otro mundo, **es la primera vez donde se realiza una bifurcación o division hacia un mundo desconocido** de este mundo fisico observable en la categoría de computación

Procesador Cuántico de IBM

Hay cosas que los ordenadores clásicos hacen muy bien y que los superordenadores hacen mejor. Pero los ordenadores cuánticos están en otra dimensión, y por eso no seremos capaces de saber exactamente qué van a poder hacer hasta que se desarrollen en toda su capacidad. Pero sí podemos intuir que **cuando esta computación cuantica crezca y salga de su fase de pañales** entonces **esta impresionante tecnología en las manos equivocadas del sistema bestial del nuevo orden mundial se convertira en la peor pesadilla para toda la humanidad**

Debido a que Los ordenadores cuánticos podrían descifrar mas sobre el libro de la vida humano ADN y esto ayudaría a el transhumanismo (Humanos con implantes de tecnología artificial y manipulación genetica, edicion de genes etc)

Proyecto Crispr un editor de genes (copiar, editar y pegar) para reenscribir el libro de la vida o ADN, algo muy abominable porque el autor del libro de la vida es divino es Dios, pero sir gates y otros ingenieros genéticos quieren jugar a ser "dios" y cambiar el libro de la vida de los humanos (ADN)

Gates habla sobre esto en YouTube pueden investigarlo, y es que Mr Gates nos ve como computadoras orgánicas esta fascinado en convertir a los humanos en **Cyborgs transgénicos** es decir humanos alterados con inteligencia artificial y manipulados genéticamente!

Rebajarlos a "Cosas"para Patentarlos y Controlarlos.

Entendemos que Bill Gates es solo una marioneta, un rostro de esa maléfico sistema, ese plan de iniquidad que ya esta en marcha como nos advierte **2 tesalonisenses 2:7** pero hay algo que lo detiene ...

Y sabemos que es la iglesia llena del Espíritu Santo, la que lo detiene y una vez que sea arrebatada entonces comenzara Apocalipsis y el plan de iniquidad se desarrollara para que así se cumplan las profecías y se ejecute el Perfecto del Justo juicio de Dios sobre la tierra.

Ahora bien todo esto que se advierte sobre la transición al nuevo orden mundial son hechos Reales que esta sustentados en fuentes fidedignas verificables, en las mismas paginas de la Onu y de todas esas organizaciones globalistas que comandan el mundo y **todo eso es solo la punta del iceberg y es que peores cosas vienen y estas aun estan en el futuro y se irán viendo a medida que el tiempo avance.**

Asi que la computación Cuantica o ventaja Cuantica desarrollará avanzes impensables, pero gracias a Dios, aun esta computación cuántica esta en pañales.

Google, IBM y China tienen una carrera por esta tecnología cuantica donde la supercomputadora cuántica China Jiuzhang lidera los avances mundiales en Cuantica.

IBM presenta IBM Q System One, el primer ordenador cuántico para uso comercial

Ahora sigamos leyendo la biblia, las Profecias

44 »Sin embargo, en esos días el Dios del cielo enviará a un Rey que reinará
para siempre, (Jesuscristo) y al que nadie podrá vencer. Al contrario, será EL
quien destruya a los otros reinos. **45** **Eso es lo que significa la piedra que
nadie arrojó, y que destruyó la estatua.**

»Su Majestad, esto es lo que el gran Dios quiere que usted sepa **acerca del futuro**. Tanto el sueño como su significado son verdad, y todo pasará como se lo he dicho.

46 Entonces el rey Nabucodonosor se postró sobre su rostro y se humilló ante
Daniel, y mandó que le ofreciesen presentes e incienso.

47 Luego le dijo a Daniel:
—No hay duda. Tu Dios es el Dios de todos los dioses; ¡es el rey de todos los reyes! Él lo sabe todo, y por eso tú pudiste explicarme este sueño tan misterioso.

48 Enseguida, el rey le dio muchos regalos costosos, y además **lo nombró gobernador de toda Babilonia y jefe de todos los sabios.** **49** Entonces Daniel le pidió al rey que pusiera a sus amigos en puestos de mucha importancia. **Y así Sadrac, Mesac y Abed-nego llegaron a ser administradores en Babilonia**. Daniel, por su parte, se quedó en la corte del rey.

----------------Capitulo 3

3 El rey Nabucodonosor mandó hacer una estatua de oro. La estatua tenía treinta metros de alto y tres metros de ancho, y fue puesta en el valle de Durá, que está en la provincia de Babilonia. **2-3** Para la presentación de la estatua, el rey mandó que se reunieran todas las personas importantes de su gobierno. Cuando toda esa gente estuvo reunida, **4-5** un mensajero anunció:
«Hay aquí gente que viene de diferentes pueblos y habla distintos idiomas. A todos ustedes, el rey Nabucodonosor les ordena prestar atención a los músicos, que van a tocar sus instrumentos. En cuanto oigan la música, todos ustedes deberán inclinarse hasta el suelo y adorar a la estatua que el rey mandó hacer. **6** Quien no se incline para adorar a la estatua, será arrojado de inmediato a un horno encendido».

7 Y así fue. En cuanto la gente oyó la música, todos se arrodillaron y adoraron a la estatua de oro. Pero como los judíos no obedecieron la orden, **8** unos babilonios fueron a ver al rey para acusarlos. **9** Le dijeron:
«¡Deseamos que Su Majestad viva muchos años! **10** Sabemos que usted nos ha ordenado adorar a la estatua de oro, tan pronto como oigamos la música.
11 También sabemos que quien no obedezca será arrojado a un horno encendido. **12** Pero hay unos judíos que no respetan a Su Majestad, ni adoran a sus dioses(falsos), ni quieren inclinarse ante la estatua de oro. Y esto, a pesar de que Su Majestad les dio puestos muy importantes en el gobierno de Babilonia. Estamos hablando de Sadrac, Mesac y Abed-nego».(Nota: estos eran los amigos de Daniel)

13 Al oír esto, el rey Nabucodonosor se enojó muchísimo y mandó que le llevaran a esos tres judíos. Cuando ellos se presentaron ante el rey, **14** él les preguntó:
—He sabido que ustedes no adoran a mis dioses ni quieren inclinarse ante la estatua de oro. ¿Es cierto eso? **15** Voy a darles una oportunidad. Si al escuchar la música, se inclinan y adoran a la estatua, no les haré nada. Pero si no la adoran, ordenaré que de inmediato los echen al horno. ¡Y ya verán que no habrá Dios que pueda salvarlos!
16-18 Sadrac, Mesac y Abed-nego le respondieron:
—Su Majestad, eso no es algo que nos preocupe. Si el Dios que adoramos así lo quiere, es capaz de librarnos del fuego y del poder de Su Majestad.

Pero aun si no quisiera hacerlo, nosotros no pensamos adorar esa estatua de oro.

19 Cuando Nabucodonosor oyó esto, se enojó mucho con los tres jóvenes y mandó que calentaran el horno al máximo. **20** Luego ordenó que sus hombres más fuertes ataran a los jóvenes y los echaran al fuego.

21-22 Los hombres del rey ataron de inmediato a Sadrac, a Mesac y a Abed-nego. Como el rey quería que los echaran al horno enseguida, los hombres del rey les dejaron la misma ropa fina que traían puesta. Pero el horno estaba demasiado caliente, así que al momento en que arrojaron a los tres jóvenes al horno, **el fuego alcanzó a los hombres del rey y los mató.**

23 Los jóvenes, en cambio, cayeron al horno atados.

24 Cuando Nabucodonosor vio esto, se levantó rápidamente y les preguntó a sus consejeros:
—Me parece que los jóvenes que echamos al horno eran tres, y los tres estaban atados.

—Así es —respondieron los consejeros.

25 —Entonces —dijo el rey—, ¿cómo es que yo veo a cuatro? **Todos ellos están desatados, y andan paseándose por el horno, sin que les pase nada. Además, ¡el cuarto joven parece un ángel!**

26 Dicho esto, Nabucodonosor se acercó al horno lo más que pudo, y gritó: «Sadrac, Mesac y Abed-nego, servidores del Dios altísimo, ¡salgan de allí!» **Los tres jóvenes salieron del horno. 27** Enseguida los rodearon todas las personas importantes del gobierno, y se quedaron sorprendidos al ver que el fuego no les había hecho ningún daño. **No se les había quemado la piel ni el pelo, ¡y ni siquiera su ropa olía a quemado!**

28 El rey exclamó:
«Bendito sea el Dios de Sadrac, Mesac y Abed-nego, que envió a su ángel para salvarlos. **Tanto confían ellos en su Dios, que no quisieron obedecer mis órdenes. ¡Estaban dispuestos a morir, antes que adorar a otro dios!**

29 »No hay otro dios que pueda hacer lo que el DIOS de estos jóvenes ha hecho. Por lo tanto, ordeno que quien hable mal de este Dios sea cortado en pedazos, y que su casa se convierta en un basurero. ¡No me importa de dónde sea ni qué idioma hable!»

30 Además, Nabucodonosor les dio a los tres jóvenes puestos aun más importantes en el gobierno de Babilonia.

------------------Capitulo 4

Nabucodonosor se vuelve loco

4 Después de eso, Nabucodonosor dijo:
«Con mis mejores deseos de **paz** y abundancia para todos los pueblos de la
tierra, yo, el rey Nabucodonosor, **2** quiero contar las cosas tan maravillosas
que el Dios altísimo ha hecho conmigo. **3** ¡Qué grandes son sus milagros y
maravillas! Su reino durará para siempre, y su poder nunca tendrá fin.

4 »Mientras yo (Nabucodonosor) descansaba muy tranquilamente en mi
palacio, **5** tuve un sueño. Lo que vi en el sueño me asustó mucho. **6** Entonces
ordené que se presentaran ante mí todos los sabios de Babilonia, para que me
explicaran el sueño. **7** Cuando vinieron, les conté mi sueño; pero ninguno
pudo decirme lo que significaba. **8-9** Después se presentó Daniel. Nosotros lo
conocemos como Beltsasar, en honor de mi dios". Yo sé que a Daniel
lo guía el Espíritu del DIOS Unico. Por eso le conté mi sueño, y le
dije:
»Tú, Beltsasar, eres más sabio que todos los sabios juntos. Yo sé que no hay
nada que tú no sepas. He tenido un sueño, y quiero que me digas lo que
significa. **10** Esto fue lo que soñé:
»En medio de la tierra
había un **árbol** muy alto.
11
No había otro árbol más fuerte;
no había otro árbol más grande.
Se podía ver desde lejos,
y llegaba hasta el cielo.
12
Eran tan verdes sus hojas
y tan abundante su fruta,
que alcanzaba para alimentar
a todas las aves del cielo,
a todos los animales del campo
y a toda la gente.
13
»Mientras yo seguía acostado,
un ángel bajó del cielo
14
y a gritos anunció:
"¡Echen abajo ese árbol!
Córtenle las ramas,
déjenlo sin hojas,

arránquenle su fruta.
Que se vayan los animales
que se cubren con su sombra;
que se vayan los pájaros
que anidan en sus ramas.
15-16
Déjenle sólo el tronco,
y no le arranquen las raíces.
Déjenlo entre la hierba del campo,
y que lo riegue el rocío.
"Dejen que ese árbol,
que es el rey Nabucodonosor,
cambie su manera de pensar
y se vuelva como los animales.
Déjenlo que coma hierba,
como los animales,
y sujétenlo con cadenas
durante siete años.
17
"Los mensajeros(angeles) de Dios
han decidido castigarlo.
Así todo el mundo sabrá
que sólo el Dios altísimo
gobierna a todos los reinos.
Hace rey a quien EL quiere,
y hace jefe de un país
a la persona más sencilla".
18 »Éste es el sueño que tuve, y que ningún sabio me pudo explicar. Pero yo sé que tú puedes hacerlo, porque el espíritu del DIOS único está en ti».

19 Daniel estaba muy preocupado por las ideas que le venían a la cabeza, así que se quedó callado. Pero el rey lo llamó por su otro nombre y le dijo:
—No te preocupes, Beltsasar. Dime lo que significa el sueño.
Y Daniel le contestó:
—¡Cómo quisiera yo que el significado del sueño tuviera que ver con los enemigos de Su Majestad! **20-22 El árbol grande y poderoso** que usted vio en su sueño es **usted mismo**. Su Majestad llegó a ser tan poderoso que su grandeza llegaba hasta el cielo. Y así como el árbol tenía hojas muy verdes, y todos comían de su fruta, así también Su Majestad cubría toda la tierra, y todo el mundo sabía de su poder.
23 »En el sueño usted vio que un ángel bajaba del cielo, y ordenaba que cortaran el árbol. Pero tenían que dejarle el tronco y las raíces, y sujetarlo con cadenas durante **siete años.** Además, el árbol debía quedarse en el campo, junto con los animales.

24 »Eso quiere decir que el Dios altísimo ha decidido castigar a Su
Majestad. **25** Usted ya no vivirá con la gente, sino que vivirá con los animales,
y comerá hierba como ellos. Se bañará con el rocío del cielo, y así estará
usted **durante siete años.** Al final de esos siete años, Su Majestad reconocerá
que sólo el Dios altísimo gobierna a todos los reinos del mundo, y que sólo EL
puede hacer rey a quien ÉL quiere.

26 »Al árbol se le dejaron el tronco y las raíces. Eso quiere decir que Su
Majestad volverá a reinar, pero sólo cuando haya reconocido el poder del Dios
del cielo.
27 »Yo le aconsejo a Su Majestad que deje de hacer lo malo, y que ayude
a la gente pobre y necesitada. Tal vez así pueda vivir Su Majestad
tranquilo y feliz.

28 Lo que Daniel le dijo al rey Nabucodonosor se hizo realidad. **29** Un año
después, el rey andaba paseando por su palacio **30** y dijo: «¡Qué grande es
Babilonia! ¡**Yo fui quien la hizo grande y hermosa, para mostrar mi**
poder a todo el mundo!»

31 Todavía estaba hablando el rey, cuando se oyó una voz del cielo que le
dijo:
«Rey Nabucodonosor, a partir de este momento dejarás de ser rey. 32 No
vivirás ya entre la gente, sino que **vivirás siete años entre los animales**.
Comerás hierba del campo, como ellos, **hasta que reconozcas que el Dios**
altísimo es el único rey de este mundo. Sólo Dios puede hacer rey a quien
ÉL quiere que sea rey».
33 Estas palabras se cumplieron inmediatamente, y el rey dejó de vivir entre la
gente. Comía pasto, como los toros, y se bañaba con el rocío del cielo. Sus
cabellos parecían plumas de águila, y sus uñas parecían garras de pájaro.

34 «Al cabo de los siete años, yo, Nabucodonosor, dejé de estar loco.
Entonces levanté los ojos al cielo y le **di gracias al DIOS ALTÍSIMO, que**
vive para siempre. Lo alabé y le dije:
"Tu poder durará para siempre,
y tu reino no tendrá fin.
35
Ante ti, nada podemos hacer
los que vivimos en la tierra.
Tú haces lo que quieres
con los ejércitos del cielo (angeles)
y con los habitantes del mundo.
Nadie puede oponerse a TI,
ni hacerte ningún reclamo".

36 »**Tan pronto como dije esto, sané de mi locura** y recuperé la grandeza de mi reino. ¡Volví a ser el mismo de antes! Todos mis consejeros y jefes de mi reino vinieron a servirme, y llegué a ser más poderoso que antes. **37 Por eso alabo y adoro al REY del cielo, pues todo lo que hace está bien hecho. Él es un DIOS justo, que humilla a los que son orgullosos. Lo digo yo, el rey Nabucodonosor».**

-------------------Capitulo 5

La fiesta de Belsasar

5 El rey Belsasar (hijo de Nabucodonosor) hizo una gran fiesta, a la que invitó a las mil personas más importantes de su reino. Todos los asistentes a la fiesta bebieron mucho vino. **2-3** También Belsasar bebió mucho, **y ya borracho mandó traer las copas de oro y plata que su padre Nabucodonosor había traído del templo de Jerusalén. Las mandó traer para que él y sus invitados siguieran bebiendo en ellas.**
Nota: el Profano los utencilios Santos del Templo de Jerusalén de Dios)

4 Y mientras bebían, cantaban alabanzas a sus dioses, (falsos) que eran simples estatuas de oro, plata, cobre, hierro, madera y piedra.

Dios escribe en la pared

5 De pronto, una mano apareció sobre la pared y comenzó a escribir. La luz de las lámparas permitía ver bien cómo escribía. En cuanto el rey vio la mano, **6** se puso blanco y comenzó a temblar de miedo. **7** Enseguida llamó a gritos a sus sabios y adivinos, y les ordenó: «¿Hay alguien aquí que me pueda explicar lo que está escrito en la pared? Al que lo haga, lo vestiré como un príncipe y le daré el tercer lugar de importancia y autoridad en mi reino».
8 Pero ninguno de los sabios y adivinos entendía lo que estaba escrito, así que tampoco podían explicárselo al rey. **9** Por eso el rey se preocupó mucho, y se asustó aún más. También sus invitados estaban muy confundidos.

10 Cuando la reina oyó los gritos de Belsasar y de sus invitados, entró al salón del banquete y le dijo al rey:
«¡Deseo que Su Majestad viva muchos años! ¡No se preocupe más, ni tenga tanto miedo! **11 Aquí en Babilonia hay un joven muy inteligente y sabio. En él vive el espíritu del Dios único.**

Nabucodonosor, padre de Su Majestad, lo conocía bien, y por eso lo puso como jefe de todos los sabios.

12 »Ese joven puede explicar los sueños y las cosas más difíciles y misteriosas. Se llama Daniel, aunque el rey Nabucodonosor le cambió el nombre y le puso Beltsasar. Llámelo usted. Él le dirá a Su Majestad lo que significa esa escritura en la pared».

13 El rey mandó llamar a Daniel. Y cuando Daniel llegó, el rey le preguntó:
—¿Así que tú eres uno de esos **judíos** que mi padre trajo de **Judá**? **14** Según
me contaron, **en ti vive el espíritu del Dios único,** y por eso eres muy inteligente y sabio.

15 »Yo mandé traer a todos los sabios y adivinos, para que me explicaran lo
que está escrito en la pared, pero no pudieron hacerlo. **16** Yo sé que tú puedes
explicar cosas muy difíciles. Si me dices qué significa lo que está escrito en la pared, mandaré que te vistan como a un príncipe. Además, te daré el tercer lugar de importancia y autoridad en mi reino.»

17 Y Daniel le contestó:
—Yo puedo explicar a Su Majestad lo que significa la escritura en la pared. Pero no tiene que hacerme ningún regalo ni darme ningún puesto importante.

18-19 »El Dios altísimo dio un reino muy grande al rey Nabucodonosor, padre de Su Majestad. Todas las naciones lo respetaban y reconocían su grandeza. También le tenían miedo, porque él decidía a quién matar y a quién dejar con vida, a quién humillar y a quién poner en un lugar importante.

**20 »El rey Nabucodonosor se sentía tan importante y poderoso, que
empezó a tratar mal a la gente. Por eso Dios le quitó el reino, 21** y
Nabucodonosor no pudo seguir viviendo entre la gente, pues se portaba como un animal. Vivía entre los burros salvajes, comía pasto como los toros, y se bañaba con el rocío del cielo. Así vivió hasta que reconoció que sólo el Dios altísimo reina sobre todas las naciones, y que sólo EL decide quién puede ser rey.

22 »Su Majestad ya sabía todo esto, y aunque lo sabía no quiso ser humilde.

23 Al contrario, Su Majestad mandó traer las copas del templo de Dios, y en ellas bebieron Su Majestad y todos sus invitados. **Para colmo, en vez de que usted adorara al Dios que lo hizo y que tiene poder sobre su vida, tanto usted como sus invitados adoraron a sus dioses. (Falsos) ¡Esos dioses No pueden ver ni oír ni pensar, pues están hechos de metal, madera y piedra!**

»Tales acciones de Su Majestad hicieron enojar al Dios del cielo. 24 Por
eso EL mandó **que la mano escribiera**: **25** "mené, mené, tekel y parsín", **26** y
esto es lo que significan estas palabras:

»“Mené” quiere decir que Dios ha decidido poner fin al reinado de Su Majestad. **27** “Tekel” quiere decir que Dios concedió a Su Majestad una oportunidad, pero Su Majestad no la aprovechó. **28** “Parsín” quiere decir que Dios partirá en dos el reino de Su Majestad, y que **se lo dará a los medos y a los persas.**»

29 Enseguida el rey Belsasar ordenó que vistieran a Daniel como a un príncipe. También hizo anunciar que, en todo el reino, Daniel tendría el tercer lugar de mayor importancia y autoridad. **30 Y esa misma noche mataron a Belsasar, rey de los babilonios.**

31 Así Darío llegó a ser rey de los medos. Cuando esto sucedió, Darío tenía sesenta y dos años.

□ **NOTA**: el imperio de los medos (actuales países alrededor del Mar Caspio) conquistaron Babilonia.

-----------------CAPITULO 6

Daniel en la cueva de los leones

6 Para mantener el control de su reino, **Darío (el Rey de los medos)** nombró a ciento veinte personas que le ayudaban a gobernar. **2** A esos ciento veinte los vigilaban tres jefes superiores a ellos. **Uno de esos tres jefes era Daniel**. **3** Y tan **bueno fue el desempeño de Daniel que el rey lo nombró jefe de todos**, y hasta **llegó a pensar en hacerlo jefe de todo el reino.**

4 Los otros sólo esperaban que Daniel hiciera algo malo, o que cometiera algún error, para acusarlo con el rey. Pero no pudieron acusarlo de nada, pues Daniel siempre hacía bien su trabajo. **5** Por eso se pusieron de acuerdo y dijeron: «**Como no tenemos nada de qué acusar a Daniel, lo haremos caer solamente con algo que tenga que ver con su religión».**

6 Entonces los jefes principales fueron a ver al rey Darío, y le dijeron:

«¡Deseamos que Su Majestad viva muchos años! **7** Todos los jefes y gobernantes queremos sugerir a Su Majestad que ponga en vigor una nueva ley. **Según esa ley, durante un mes nadie podrá adorar a ningún dios ni persona, sino sólo a Su Majestad.** Esa ley se aplicará en todo el reino, y cualquiera que la desobedezca será echado vivo a la cueva de los leones. **8** Si Su Majestad firma esta ley, nada ni nadie podrá cambiarla. Así lo dice la ley de los medos y los persas».

9 El rey aceptó firmar la ley.

10 Daniel lo supo, pero de todos modos se fue a su casa para orar a Dios. Daniel acostumbraba **orar tres veces al día**, así que entró en su cuarto, abrió la ventana y, mirando hacia Jerusalén, se arrodilló y comenzó a orar.

11 Cuando los jefes principales vieron que Daniel estaba orando a
Dios, **12** fueron y lo acusaron con el rey. Le dijeron:

—Su Majestad ha ordenado que durante un mes nadie adore a ningún dios ni persona, que no sea usted. El mes no ha terminado todavía, ¿no es cierto? Además, Su Majestad ha ordenado también que quien desobedezca sea echado a la cueva de los leones.

El rey respondió:

—Así es, y las leyes de los medos y los persas nadie las puede cambiar.

13 Entonces dijeron:
—Pues ese Daniel, que trajeron preso de la tierra de Judá, no obedece la ley de Su Majestad. Al contrario, ¡tres veces al día se arrodilla para orar a su Dios!

14 Cuando el rey escuchó esto, se puso muy triste, y toda la noche estuvo pensando en cómo salvar a Daniel.

15 Al día siguiente, los jefes principales fueron a verlo y le dijeron:
—**Su Majestad sabe bien que Daniel debe morir. Cuando un rey de los medos y los persas firma una ley, nadie puede cambiarla.**

16 Entonces el rey mandó traer a Daniel, para que lo echaran a la cueva de los leones. Pero antes de que lo echaran, el rey le dijo: «**Daniel, deseo que te salve el Dios a quien tú siempre has adorado**».

17 Enseguida echaron a Daniel a la cueva de los leones. Luego taparon la cueva con una piedra muy grande, y el rey puso su sello en la entrada. Lo mismo hicieron los jefes principales para que nadie se atreviera a sacar de allí a Daniel.

18 Después de eso, el rey se fue a su palacio, **pero en toda la noche no comió nada. Y aunque no podía dormir, tampoco quiso que le llevaran música.**

19 En cuanto amaneció, el rey se levantó y fue enseguida a la cueva donde habían echado a Daniel.

20 Cuando estuvo cerca de la cueva, se puso muy triste y gritó:

—¡Daniel, tú siempre has adorado al Dios de la vida! ¿Pudo tu Dios salvarte de los leones?

21 Y Daniel le contestó:
—¡Deseo que Su Majestad viva muchos años! **22 Mi Dios envió a su ángel para cerrarles la boca a los leones, para que no me hicieran daño. Mi Dios sabía que yo no he hecho nada malo, y que tampoco he traicionado a Su Majestad.**

23 Al oír esto, el rey se puso muy contento y mandó que sacaran de la cueva a Daniel. Una vez que lo sacaron, todos pudieron ver que los leones no le habían hecho ningún daño, **porque él había confiado en su Dios.**

24 Más tarde, el rey mandó que trajeran a quienes habían acusado a Daniel, y que los echaran a la cueva de los leones, junto con sus mujeres y sus hijos. ¡Y enseguida los leones los agarraron y les rompieron los huesos! ¡Antes de que tocaran el suelo, ya los habían despedazado!

25 Entonces el rey Darío escribió un mensaje para todas las naciones y los pueblos de su reino. Ese mensaje decía:
«Con mis deseos de paz para todos,

26 ordeno a los habitantes de mi reino que **adoren** y **obedezcan al Dios de Daniel.**
Su Dios vive para siempre, y su reino nadie puede destruirlo. Su poder será siempre el mismo.
27 El Dios de Daniel puede salvar y libertar, y hacer grandes maravillas en el cielo y en la tierra. ¡El Dios de Daniel pudo salvarlo de las garras de los leones!»

28 Y así Daniel siguió siendo una persona muy importante en el reinado de Darío, y también en el reinado de Ciro, rey de Persia.

-------------Capitulo 7

Sueños de Daniel

7 Durante el primer año del reinado de Belsasar en Babilonia, Daniel tuvo un sueño, y en ese sueño vio muchas cosas. Cuando despertó, puso por escrito lo que había soñado. Y esto fue lo que escribió:

Los cuatro monstruos

2 «Yo soy Daniel. Una noche soñé que los cuatro vientos del cielo soplaban muy fuerte sobre el gran mar. **3** De repente salieron del mar cuatro grandes monstruos, todos ellos diferentes.

4 »El primer monstruo parecía un león con alas de águila. Pero le cortaron las alas, y entonces se paró sobre sus pies como una persona. Y en lugar de su corazón, se le dio un corazón humano.
(Nota: se refiere al Imperio de **Babilonia**)

5 »El segundo monstruo parecía un oso, pero uno de sus costados era más alto que el otro. Entre sus dientes tenía tres costillas. Entonces recibió la orden de levantarse y comer mucha carne.

□ Nota: **Se refiere al Imperio (Medo-persa)**

6 »El tercer monstruo parecía un leopardo. Tenía cuatro alas de ave en la espalda, y tenía también cuatro cabezas. A este monstruo se le dio poder para reinar.
(Nota: se refiere al Imperio Griego)

7 »Yo seguí soñando, y de pronto apareció **el cuarto monstruo.** Era muy diferente a los otros tres, y tan fuerte que sólo de verlo daba mucho miedo. **Tenía diez cuernos,** y sus dientes eran dos grandes hileras de puntas de hierro. Hacía pedazos todo lo que comía, y lo demás lo pisoteaba y **destruía.**

8-12 »**Mientras yo miraba los diez cuernos, de pronto le salió otro cuerno más pequeño,** que al salir echó abajo a tres de ellos. A estos **tres** se les quitó el poder, **pero se les dejó con vida, pues todavía no había llegado la hora de su muerte**. Luego mataron al cuarto monstruo y echaron su cuerpo al fuego. El pequeño cuerno tenía ojos humanos, y mientras todo esto sucedía hablaba con mucho orgullo.

□ Nota: **se refiere al imperio Romano transformado En el 4to IMPERIO MUNDIAL, El sistema de potencia mundial conformado por 10 Paises o reinos que hablamos en la nota de arriba y que estamos viendo nacer con el detonante de el coronavirus.**

Ahora bien de este 4to sistema bestial conformado por 10 reinos o países, 3 reinos serán arrancados con la aparición del **cuerno con ojos quien es el anticristo**, el cual liderará ese 4to Sistema Bestial destructor junto con los 7 reyes o lideres que queden de los 10.

Pero este 4to sistema Bestial al final será eliminado y echado al fuego con la aparición de la segunda venida □ de el único Rey verdadero y Dios Todopoderoso Jesuscristo □ quien simbolizo la piedra que destruyo la estatua.

»Vi que aparecieron unos tronos,
y un **Anciano (DIOS PADRE)** tomó asiento.
Su ropa era blanca como la nieve,
y su pelo era blanco como la lana.
Del trono y de sus ruedas
brotaba un río de fuego.
Miles y miles de personas
adoraban al Anciano todo el tiempo.
El Anciano (es DIOS PADRE) se sentó para juzgar
y abrió los libros.
13
»Mientras yo miraba todo esto,
un hombre (Jesuscristo) apareció entre las nubes
y se acercó al Anciano.(Dios Padre)
14
Y ese hombre **(Jesuscristo) recibió honra y poder**
para reinar sobre todo el mundo.
Pude ver que lo obedecían
todos los pueblos y naciones.
Su poder será siempre el mismo
y nunca tendrá fin,
y **su reino jamás será destruido.**

15 »Yo quedé tan confundido por lo que vi, que hasta me
enfermé. **16** Entonces me acerqué a uno de los que allí estaban,(Angel) y le
pedí que me explicara lo que significaba el sueño. Y me dijo: **17 "Estos**
cuatro monstruos son cuatro reyes que reinarán sobre la tierra. 18 Pero
el pueblo (quienes han creído en Jesuscristo) que ha elegido el Dios
altísimo recibirá el reino, y reinará para siempre".

19-23 »También le pregunté a esa persona (a el ángel) **por qué el cuarto monstruo era tan diferente.** Y es que ese monstruo, con sus dientes de hierro y sus garras de cobre, daba mucho miedo; **todo lo devoraba**, y el resto lo pisoteaba. Y esa persona (el ángel) me dijo: **"El cuarto monstruo es el cuarto reino que habrá sobre la tierra. Será muy diferente a los otros reinos, pues acabará con toda la tierra, y la pisoteará y aplastará".**

»Pregunté entonces qué significaban **los diez cuernos** que tenía **el monstruo en la cabeza.** También pregunté qué significaba **el pequeño cuerno con ojos**, que **hablaba con tanto orgullo**. Pedí que se me explicara **por qué, cuando salió, echó abajo tres cuernos.** Yo había visto que ese **cuerno pequeño** se ponía tan **orgulloso**, que hasta **peleaba contra el pueblo elegido por Dios y**

lo vencía. Pero llegó el Anciano (DIOS PADRE) y le dio a su pueblo la autoridad de juzgar, y también autoridad para reinar.

»Aquella persona (el ángel)me dio esta explicación:

24 "Los diez cuernos representan a diez reyes, que reinarán en la tierra. Después de ellos, se levantará otro rey (anticristo), muy diferente a los demás, y humillará a tres reyes.

25 Hablará mal contra el Dios altísimo, y peleará contra su pueblo elegido. Tratará de cambiar las costumbres religiosas y la ley de Dios, y durante tres años y medio (tiempo de la Gran tribulación fase final de Apocalipsis) hará lo que le parezca mejor.

26 Pero ese rey (anticristo) será juzgado y perderá su poder, pues será totalmente destruido.

27 Entonces el pueblo de Dios recibirá poder y dominio sobre todos los reinos de la tierra, y reinará para siempre".

28 »Esto fue todo lo que vi, y me quedé muy preocupado. Y aunque me entró mucho miedo, no le dije a nadie lo que había visto.

Nota: Los 4 monstruos o bestias tambien simbolizan los 4 imperios de la estatua como el chivo y el carnero representan 2 de esos penúltimos imperios (Medo/persa y Grecia) Analizar foto de acuerdo a las profecias dadas en el capitulo 7

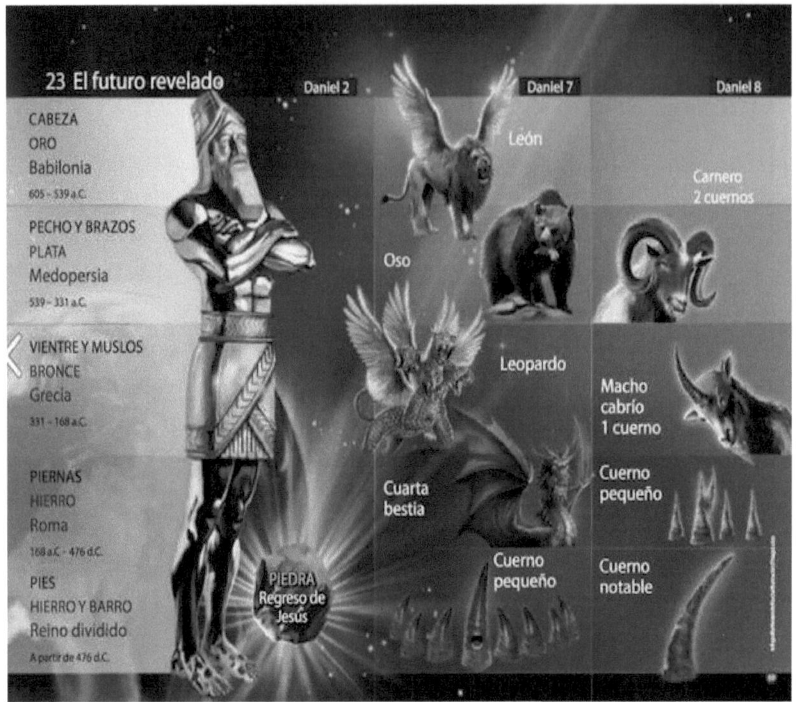

---------Capitulo 8

El carnero y el chivo

8 »Además de este sueño que ya he contado, yo, Daniel, volví a tener otro sueño. Esto sucedió cuando Belsasar llevaba tres años de reinar.
2 En ese sueño me parecía estar junto al río Ulai, en la ciudad de Susa (actual Irán). Esta ciudad es la capital del reino, y se encuentra en la región conocida como Elam.(actual Irán □□)

3 »En el sueño veía yo, a lo lejos, **un carnero** parado junto al río. **Ese carnero tenía dos cuernos largos**, pero uno era más largo que el otro y le había salido después. (el cuerno mas largo que salió despues simboliza a los persas cuando conquistaron a los medos, y al final hiceron una alianza convirtiéndose en el imperio Medo-Persa)

4 El carnero atacaba hacia el norte, hacia el sur y hacia el oeste. Pude ver que ningún otro animal podía hacerle frente, ni tampoco se libraba de sus golpes. El carnero hacía lo que quería, y cada vez se volvía más fuerte.

(□ **Nota: ese carnero representa a el imperio Medo-persa)**

5 »Mientras yo pensaba en lo que había visto, vi que del oeste venía un **chivo**. Tenía **un cuerno muy grande entre los dos ojos**, y corría con tanta **rapidez** que parecía que volaba. **6** Cuando el chivo estuvo cerca del carnero de dos cuernos, lo atacó con todas sus fuerzas **7 y le rompió sus dos cuernos.** El carnero no tuvo fuerzas para defenderse, así que el chivo lo tiró al suelo y lo pisoteó. Y nadie pudo salvarlo.
□ **Nota: este chivo representa al Imperio Griego)**

8 »El chivo se iba haciendo más y más fuerte. Pero en su momento de mayor fuerza, **el cuerno más grande se le rompió.**

□ **Nota:** (este cuerno representa a Alejandro Magno primer Rey poderoso del imperio griego que conquistó al imperio medio-persa, pero el murio joven)

En lugar de ese gran cuerno, le salieron otros cuatro cuernos. Uno de ellos apuntaba hacia el **norte,** otro hacia el **sur,** otro hacia el **este** y otro hacia el **oeste.**

□ **Nota:** estos 4 cuernos son 4 reyes de Grecia que más tarde salen después de la muerte del alejandro Magno, dividiéndose Grecia en 4)

9 A uno de los cuernos le salió otro cuerno pequeño (anticristo). Y ese cuerno creció mucho, y se extendió hacia el sur, hacia el oeste y hacia la tierra más hermosa**(Israel)**. **10** Fue tanto lo que creció, que llegó a tocar las estrellas(angeles) del cielo. A muchas de ellas las derribó y las pisoteó.

***Nota: Antíoco IV Epífanes** Rey de Siria de la dinastía Seleucida un imperio helenístico de los 4 Reinos de Grecia, en un instante de la historia represento ese momento profético y ese cuerno pequeño que salió de uno de los 4 cuernos o Reinos de Grecia, este perverso antioco epifanes se extendió hacia Israel contra Jerusalén, la cual saqueó.

Según los Libros históricos, trató de suprimir el culto a Dios, y profano el 2do Templo de Jerusalén con su abominable sacrificio a zeus dios falso griego.

Sin embargo este perverso Antíoco Epífanes quien profano el lugar Santo, solo era un precursor del anticristo final! que menciona Apocalipsis quien profanara de nuevo pero esta vez el tercer templo de Jerusalén, solo que este tercer templo ya no sera valido debido a que Jesuscristo realizo el sacrificio perfecto con su vida para limpiarnos una vez y para siempre de todos nuestros pecados.

Sin embargo el Templo y el Tabernáculo son Copias del Tabernáculo De Dios que esta en los cielos, estos símbolos copias de las cosas del cielo y le pertenecen solo a El Señor. (hebreos 9:23)

Ademas La Biblia es clara cuando Mateo un discípulo de la época de JesusCristo es decir muchos años después de la profanacion de Antíoco epifanes, menciona que habría otra profanacion:

Mateo 24:15 Llegará el día cuando verán de lo que habló el **profeta Daniel**: *el objeto sacrílego que causa profanación de pie en el Lugar Santo.* (Lector, ¡presta atención!). **16** Entonces los que estén en **Judea(Israel)** huyan a las colinas. **17** La persona que esté en la azotea no baje a la casa para empacar. **18** La persona que esté en el campo no regrese ni para buscar un abrigo. **19** **¡Qué terribles serán esos días** para las mujeres embarazadas y para las madres que amamantan! **20** Y oren para que la huida no sea en **invierno** o en día de **descanso (Shabat o Sábado)**. **21** Pues habrá más angustia que en cualquier otro momento desde el principio del mundo. **Y jamás habrá una angustia tan grande.** (**Nota:** sera el tiempo de la ira De Dios, Apocalipsis)

Asi que este cuerno pequeño que saldría al FINAL de uno de estos 4 cuernos de Grecia, se refiere a el anticristo que saldra de el cuarto imperio bestial que nace de las cenizas de el imperio romano quien vencio al imperio griego.

De este imperio romano transformado nacera finalmente el 4to sistema bestial, y compréndemos que en la epoca de Mateo discípulo de Nuestro Señor Jesuscristo el imperio romano ya habia dominado y absorbido el imperio griego, pero aun estaba en sus inicios ese imperio Romano.

Asi que la profecia que dijo Mateo 24 en el verso 15 sobre la profanacion causada por este profanador anticristo cuerno pequeño que saldria al final de uno de esos 4 cuernos de Grecia es decir el imperio romano que nació de uno de esos cuernos de grecia y que mas tarde lo absorbió y lo conquisto, se refería a el anticristo que saldra del 4to imperio bestial que nacerá de el imperio romano trasformado.

En cuanto a la angustia como ninguna otra desde el inicio del mundo, mencionada en el verso 21 de mateo 24 **esa terrible angustia se refiere claramente a el dia del Señor o el tiempo de su ira Justa que es Apocalipsis.**

Sigamos leyendo las Profecias

11 »Este cuerno pequeño (anticristo) se atrevió también a desafiar **al jefe mismo de las estrellas(angeles). (JESUSCRISTO)** Para colmo, prohibió que se presentaran a Dios las ofrendas diarias y se burló del templo (tercer templo de Jerusalén). **12 Era tanta su maldad, que ordenó que su ejército acampara en donde** todos los días se presentaban las ofrendas; **(es decir tercer templo Jerusalén)** luego echó por los suelos la verdad y comenzó a hacer todo lo que quiso. ¡Y todo le salió bien!

 Nota: ese cuerno pequeño lleno de maldad es el anticristo

13 »Poco **después oí que un ángel le decía a otro ángel**: "Esto que estamos viendo, pasa todos los días en el altar de las ofrendas.(Nota: Tercer Templo de Jerusalén) **¿Cuándo terminará?** ¿Hasta cuándo va a permitir Dios que sigan pecando así en el templo? ¿Hasta cuándo va a permitir que sigan maltratando a los creyentes?"

14 »Y el otro ángel contestó: "Hasta que hayan pasado **mil ciento cincuenta días, que es un poco más de tres años.**
Pasado ese tiempo, el templo quedará limpio".

***Nota:** es decir al final de la fase de Apocalipsis que son los ultimos 3 años y medio que es cuando aparece Nuestro Señor Jesuscristo y coloca sus enemigos bajo sus pies Restaurando todas las cosas haciendo todo Nuevo)

15 »Mientras yo veía todo esto, y trataba de entenderlo, se apareció ante mí alguien que parecía un hombre. (Era Gabriel el angel)

16 Entonces escuché la voz de alguien que venía del río Ulai. Esa voz decía: "Gabriel, explícale a este hombre lo que significa el sueño".

17 »Cuando Gabriel se me acercó, yo me asusté tanto que me arrojé al suelo. Pero él me dijo: "**Lo que has visto, se hará realidad cuando llegue el fin del mundo".**

18 »Mientras Gabriel me decía esto, yo perdí el sentido y me quedé tirado en el suelo. Pero él vino en mi ayuda y me levantó.

19 Luego me dijo:
"**Ahora voy a decirte lo que pasará cuando llegue el fin del mundo. Cuando eso suceda, Dios estará muy enojado con la gente.**

20 Tú viste un carnero con dos cuernos. Esos dos cuernos son los reyes de Media y de Persia. (***NotaReino Medo-persa**) Actual Iran y paises del Mar Caspio)

21 El chivo es el rey de Grecia, y el cuerno grande que le salió entre los ojos es el más importante de todos sus reyes. (Alejandro Magno)

22 Los cuatro cuernos que salieron cuando se rompió el primero son los cuatro reinos que saldrán de esta nación (Grecia). Pero esos reinos no tendrán tanto poder como el primero.

23
"**Cuando llegue** **a su fin**
el poder de estos reinos, (Nota: 4 reinos de Grecia)
y ya nadie soporte su maldad,
vendrá un rey egoísta y orgulloso.
(El anticristo)

24
Ese rey se irá haciendo
más y más poderoso,
aunque **no por sus propias fuerzas**.(Nota: fuerzas satanices)
Le irá bien en todo lo que haga,
pero causará **muchos destrozos.**
Destruirá a gente poderosa,
y también **al pueblo de Dios.**

25
(anticristo) Será un rey muy astuto,
y engañará a mucha gente.
Se creerá el rey más importante,
y matará a traición
a gente que vivía tranquila.
Se levantará en armas
contra el Príncipe de príncipes, (Jesuscristo)
pero saldrá derrotado.

□ **Nota:** este rey orgulloso poderoso astuto egoísta destructor etc es el **anticristo)**

26 "**Ya te he explicado lo que viste acerca de los tres años y días**. Eso va a suceder así. Pero tú no se lo digas a nadie, porque se hará realidad después de mucho tiempo". **(Fin de los tiempos)**

Nota: Actualmente ya empezamos los dolores de parto Mateo 24 estamos en el comienzo del inicio del fin de los tiempos.

27 »Yo, Daniel, perdí las fuerzas y estuve muy enfermo durante varios días.
Pero finalmente me levanté y seguí ocupándome de los asuntos del rey. Sin
embargo, seguí preocupado porque no entendía bien todo lo que había visto».

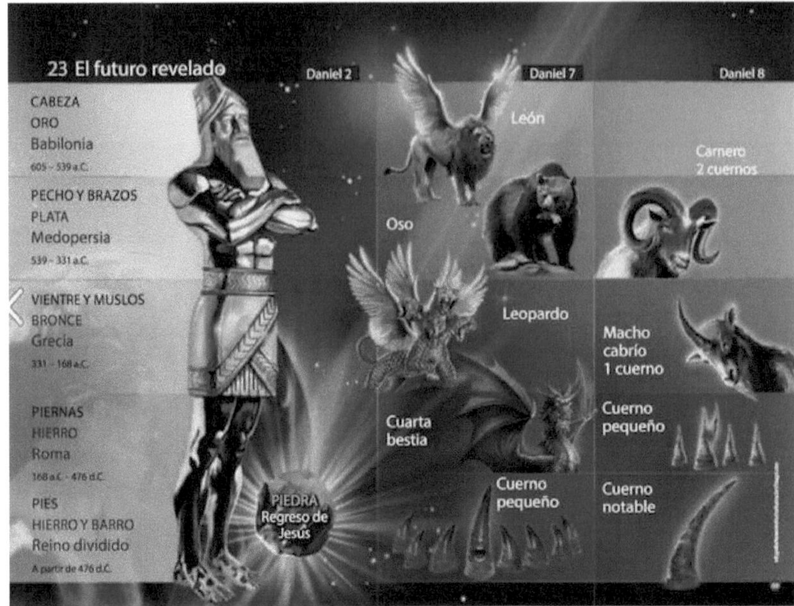

Nota: Arriba a la derecha macho cabrio que es el chivo y representa a el imperio de Grecia y el carnero que representa el imperio Medo-Persa

Y al final de la foto (Pies) el 4to imperio con los 10 cuernos y el cuerno pequeño notable arrogante orgulloso anticristo

----------Capitulo 9

Daniel le pide a Dios por su gente

9 Daniel también escribió:

«**Un día, yo estaba leyendo el libro del profeta Jeremías**. Cuando llegué al pasaje donde Dios le anuncia al profeta que Jerusalén quedaría destruida durante setenta años, decidí ayunar. Luego me vestí con ropas ásperas, me senté sobre ceniza, y comencé a pedirle a Dios por mi pueblo. Cuando esto sucedió, el rey Darío llevaba un año de reinar sobre los babilonios. **Darío** era hijo del rey Asuero, y pertenecía al pueblo de los **medos.**

»Yo le dije a Dios en mi oración:
“Dios mío, tú eres grande y poderoso. Tú siempre cumples lo que prometes, y muestras tu amor a quienes te aman y te obedecen. Por eso, tengo que reconocer 5 que hemos pecado. Nos hemos portado muy mal contigo; hemos vivido como si tú no existieras, y te hemos desobedecido.

6 Los profetas hablaron de TI a nuestros reyes y a nuestros jefes, y también a nuestros padres y a todos nosotros. Pero nunca ninguno de nosotros les hizo caso.

7 ”Dios mío, tú eres justo. Por eso nos sentimos muy avergonzados. Así se sienten los que viven en Jerusalén, y también los que viven en los países lejanos, **adonde los expulsaste por haber pecado contra TI.**

8 ”Dios mío, todos estamos muy avergonzados por haber pecado contra ti. Están avergonzados nuestros reyes, nuestros jefes y nuestros padres. **9** Pero tú nos entiendes, y habrás de perdonarnos.
”Todos nosotros hemos pecado contra ti.

10-14 No te hemos hecho caso, ni hemos obedecido las enseñanzas que nos diste por medio de tus profetas. No te hemos buscado, ni hemos dejado de hacer lo malo.
”Dios nuestro, tú ya nos lo habías advertido. **Si no nos portábamos bien, caerían sobre nosotros maldiciones y castigos.** Así nos lo había enseñado Moisés, que siempre estuvo a tu servicio.

Y ya has cumplido tus amenazas contra nosotros y nuestros gobernantes. Nunca antes habías castigado a nadie como nos has castigado a nosotros. ¡**La destrucción de Jerusalén ha sido terrible**! Pero tú eres justo en todo lo que haces. Tú eres nuestro Dios, y ni así te hemos escuchado.

15-16 ”Dios nuestro, en el pasado tú nos diste muestras de tu gran poder. Tú sacaste de Egipto a tu pueblo, y desde entonces te hiciste muy famoso. Además, sabemos que eres muy bondadoso. Es verdad que hemos pecado y que hemos hecho lo malo, pero te rogamos que ya no te enojes contra Jerusalén. Todos los pueblos vecinos se burlan de ella y de tu pueblo. De eso tenemos la culpa nosotros y nuestros padres. Lo reconocemos. ¡Pero recuerda que Jerusalén es tu ciudad, y que está en tu monte santo!

17 ”Por favor, Dios nuestro, escucha mi oración y mis ruegos. Por tu propio honor, te ruego que mires la triste situación en que ha quedado tu templo, y nos muestres tu amor. **18** ¡Escúchame, Dios mío! ¡Mira cómo ha quedado destruida la ciudad donde te adoramos!

”Si te pedimos esto, no es porque creamos que somos buenos, ni porque creamos merecer lo que te pedimos. Lo hacemos porque creemos que tú eres muy compasivo y bondadoso.

19 ¡Escúchanos, Dios mío, y perdónanos! ¡Atiéndenos, y ven en nuestra ayuda! ¡Dios mío, te lo pedimos por ti mismo, por tu ciudad y por tu pueblo, que te adora!”

20 »Mientras yo estaba orando por Jerusalén, y pidiendo perdón por mis
pecados y los de mi pueblo, **21** llegó volando el ángel Gabriel, que ya se me
había aparecido en sueños. Ya casi era la hora de presentar a Dios las ofrendas
de la tarde. **22** Y Gabriel me dijo:
“Escucha, Daniel: vengo para ayudarte a entender todo esto. **23 Dios te quiere
mucho,** así que tan pronto como empezaste a orar, Dios contestó tus oraciones. Y yo he venido a darte su respuesta. Pon mucha atención, para que entiendas lo que quiere decir tu sueño.

24
”Tienen que pasar setenta semanas
para que termine **el castigo**
contra tu pueblo y la ciudad santa,(Jerusalen)
y Dios les perdone su maldad.
Tienen que pasar setenta semanas
para que lleguen a su fin
la desobediencia y el pecado.
Al cabo de ese tiempo
siempre habrá justicia,
y sucederá lo que viste,
y Dios cumplirá su promesa.
Su santo templo será purificado,
y se le volverá a dedicar.

(Nota: **se refiere al final de Apocalipsis, es decir al final de los 7 años o semana 70 cuando Jesuscristo venga por segunda vez y todo ojo lo vera y nuestro Rey de reyes Restaurara todas las cosas haciendo Justicia y EL mismo sera nuestro templo.**

Ahora habla de setenta semanas se refiere a la ilustración de la semana 70 o los 7 años de Apocalipsis que es cuando Dios ya se enfoca en su pueblo Judio de donde saldra un remanente que creerá en Jesuscristo y sera salvo.

Sigamos leyendo las profecias:

25

”Tú debes entender bien esto:

Pasarán siete semanas

□ **Nota** Deben saber que **semanas** en la biblia son **años** asi como esta en la historia de Jacob y estás 7 semanas son representadas así según la mayoría de otros versos de la bíblia (levítico 25:8-10) (Genesis 29_27)

7 por 7 Años = 49 años
y se refiere a la época pasada cuando el rey Ciro del imperio medo-persa decretó la orden de reconstruir Jerusalén).

Recuerden que este **rey Ciro** de medo-persa representa la segunda bestia con la que soño daniel este rey pagano fue usado para un propósito y fue el de ayudar a Israel □□

Escrito estaba muchiiiisiiimos años antes de daniel y antes de que **Ciro existiera** :

Isaías 45:13 Levantaré a **Ciro** para que cumpla mi propósito justo,
y guiaré sus acciones.
Él restaurará mi ciudad y pondrá en libertad a mi pueblo cautivo,
¡sin buscar recompensa!
¡Yo, el Señor de los Ejércitos Celestiales, he hablado!».

Nota: Muchísimos años más tarde se cumple en

2 Crónicas 36:22 En el primer año de **Ciro**, rey de Persia, el Señor cumplió la profecía que había dado por medio de Jeremías. **Movió el corazón de Ciro** a poner por escrito el siguiente edicto y enviarlo a todo el reino:

2 Crónicas 36:23 «Esto dice **Ciro, rey de Persia:“El Señor, Dios del cielo, me ha dado todos los reinos de la tierra**. Me encargó construirle un templo en Jerusalén, que está en Judá. Cualquiera que pertenezca al pueblo del Señor puede regresar para realizar esta tarea, ¡y que el Señor su Dios esté con ustedes!”».

Nota: En el tiempo de **Esdras y Nehemias** se materializó esta profecía al pie de la letra, **Reconstruyendose el segundo Templo.**

Entonces a partir de ese momento del **decreto del Rey Ciro del imperio medo persa de reconstruir el segundo templo de Jerusalén** comienza el conteo de los primeros **49 años (7 x 7 semanas (años)**

Sigue diciendo el verso 25 de Daniel:

desde que se dé la orden
de arreglar y reconstruir Jerusalén, (por Ciro)
HASTA la llegada del Príncipe elegido.(Jesuscristo)

Las calles de Jerusalén
y sus muros reconstruidos
durarán **sesenta y dos semanas.**

□ **Nota** estás 62 semanas son representadas así **62 x 7(semanas(años)= 434 años**

¡Serán días de angustia y tristeza!
26

"Pasadas las **sesenta y dos semanas, (los 434 años)**
vendrá un rey (Cesar/poncio piloto) con su ejército
y matará al Príncipe elegido.(Jesuscristo)

□ Nota: Este rey con su ejercito se refiere a el Cesar, Poncio Pilato y su ejército Romano el fue quien ejecuto la orden de la crucifixión para el Principe Elegido Jesuscristo
(**Aquí se cierran los 434 años proféticos de daniel**) o 62 semanas

Sigue el verso 26:
¡Jerusalén y el templo
serán destruidos por completo!

□ **Nota:** en este espacio de tiempo se refiere cuando el templo de Jerusalén es destruido por el emperador Tito quien destruyó el templo de Jerusalén y fue Justo **70 años después de la resurrección de Jesuscristo,** que Tito destruyó el 2do templo de Jerusalén. (Este acontecimiento está fuera de los 434 años proféticos de Daniel, O 62 Semanas, entonces está en el tiempo denominado **tiempo de la Gracia** o el año del favor del Señor) profetizado en Isaias (Si esta **fuera** de las 62 semanas se denomina: el **tiempo gracia o sin tiempo especifico**, ya que una vez que suceda el arrebatamiento de la Iglesia, que sucede en el tiempo de la gracia es decir puede suceder en cualquier momento actual mientras ustedes leen, o en unos pocos años dados los tiempos tan cruciales y profeticos que vivimos, sabemos que la biblia dice que el dia y la hora del arrebatamiento Nadie la sabe ni los angels del cielo pero Jesuscristo dijo en el libro de Lucas 12:56, mateo 16:3 que podiamos ver el tiempo del cielo cuando iba a llover pero no podíamos discernir los tiempos finales?

Y por supuesto que podemos gracias a las profecias que Dios nos dejo en su libro de la verdad la biblia.

Entoces una vez ocurrido el arrebatamiento (recomiendo vean Left behind o el rapto con Nicolas cage aunque es una pelicula de Hollywood vemos como las piedras hablan es decir piedras significa segun la biblia gente que no conoce de Dios como Hollywood y habla d este evento en la pelicula, y es que la biblia es muy clara en cuanto a el arrebatamiento no solo con el arrebatamiento de elias y enoc si no en mateo 24:40, Lucas 17:34 cuando dice que uno sera tomado y el otro dejado o
en 1 corintios 15:51 cuando dice claramente un misterio: que no todos moriremos pero todos seremos transformados . Asi hay mas versos, entonces una vez ocurrido el Arrebatamiento de inmediato se inicia:

La ultima semana de Daniel (1 semana) o 7 años de Apocalipsis dando el cumplimiento para el cierre de las 70 semanas de Daniel. en esa fase de tiempo del dia del Señor

Haciendo un paréntesis Es bueno saber que Hasta el día de hoy **No hay templo de Jerusalén,** solo queda el muro de los lamentos donde los judíos van a lamentarse y esperan la reconstrucción del tercer templo porque ellos **No aceptaron a Jesuscristo como el verdadero Mesías y así se cumplieron las escrituras específicamente sobre que el mesías Jesuscristo sería rechazado por su propio pueblo judio, y por eso ellos esperaran actualmente a el falso mesias asi estaba escrito: (Juan 5:43) (mateo 24:5-24)**

Sigamos con las profecias:

26 El fin llegará de repente,
como llega una inundación.
¡La guerra y las destrucciones
que habían sido anunciadas
seguirán hasta que llegue el fin!

□ **Nota** : en este espacio de tiempo del verso 26 surge es **después de los 434 años** proféticos donde en ese verso no hay un número de años establecido y es un **periodo de Gracia** o sin tiempo definido tambien conocido como el tiempo de la gracia del silencio o tiempo del favor del Señor según la profecia de Isaias.

y ya han transcurrido más de 2.000 años de este tiempo de la gracia del silencio del Señor **porque desde que Jesuscristo resucito hasta**

ahora! estamos bajo su **Gracia** y en este periodo de **2 mil años o 2 días** (2 Pedro 3:10) como lo llamaría la bíblia en el libro de **óseas 6:2 (Nos dará Vida despues de 2 dias (2 mil años) y en el tercer dia nos resucitara y viviremos delante de El)**

Asi que en estos 2 mil años han acontecido muchas guerras y conquistas las cuales **preceden el fin,** en este lapso de casi 2000 años después de Cristo.

En 1914:

Comenzaron las guerras mundiales, **1914 fecha en la que sucedio la primera guerra mundial y culminó en 1918** más tarde en **1939 segunda guerra mundial estremeció al mundo la cual terminó en 1945.**

Las únicas 2 guerras Mundiales que hasta ahora ha vivido toda la humanidad, y las cuales sirven de señal para mostrar que **pronto puede surgir la tercera guerra mundial la cual será la última según la bíblia.**

27
Durante una **semana más,(7 años Apocalipsis**)
ese rey malvado (anticristo) hará un **pacto: (falsa paz y seguridad)**
con gran número de gente;
pero a la **mitad de la semana(7 años= 3 años y medio)**
prohibirá que se hagan ofrendas,
y en el altar de los sacrificios(**3er templo de Jerusalén)**
se ofenderá gravemente a Dios.
Después de eso, Dios destruirá
al malvado(anticristo) que lo ofendió"».

□ **NOTA:** Esta semana se refiere a los últimos **7 años que empiezan después de el arrebatamiento de la iglesia Espíritual gentil en su gran Mayoría** y gentil significa todos aquellos que **No son judíos**, porque? Debido a que Dios primero trata con su pueblo gentil es decir nosotros los venezolanos, griegos, coreanos, ingleses americanos etc todas las nacionalidades menos los que son judíos. Aunque hay un porcentaje muy minimo de judios de linaje auténtico arrepintiéndose y creyendo en Yeshua o Jesuscristo. Pero como dice las profecias **POR AHORA** ellos tiene el corazon endurecido y es el tiempo de los gentiles **HASTA QUE SUCEDA EL ARREBATAMIENTO y COMIENZE APOCALISPSIS O LA ULTIMA SEMANA DE DANIEL Y entonces DIOS TRATARA CON SU PUEBLO JUDIO (Daniel 9:24) (Romanos 11:32) les dara otra oportunidad.**

Asi que es necesario que se cumpla esta profecia en **Romanos 11:25** Mis amados hermanos, quiero que entiendan este **misterio** para que no se vuelvan orgullosos de ustedes mismos. **Parte del pueblo de Israel** tiene el corazón endurecido, pero eso **solo durará hasta que se complete el número de gentiles que aceptarán a Cristo.**

Nota: habrá un **remanente Gentil que de verdad cree en Cristo y está lleno del Espíritu Santo ese remanente es el que volará**, es decir, sera **arrebatado a las fiestas del Cordero inimaginable Fiesta** ! a la gran fiesta del Cielo! una vez que la iglesia gentil es arrebatada viene una terrible época como nunca antes había existido : una tribulación y gran tribulación horroroso periodo sobre la tierra en el que reinará el anticristo sobre el mundo entero y ese anticristo será quien levante junto con un grupo el tercer templo de Jerusalén, y se sentará allí con ese grupo de falsos sacerdotes levitas (sera como una prostituta) para presentarse como el falso mesías a Israel, traerá una **falsa paz** y momentáneas soluciones, hará milagros y engañará a mucha gente por su increíble poder, milagros y carisma, este líder al que la bíblia denomina el hijo del diablo engañará así, los **primeros 3 años y medio que es el periodo llamado tribulación** y en los **siguientes y últimos 3 años y medio llamados periodo de Gran tribulación** exigirá q lo adoren, sera herido de muerte y volvera de la muerte! esa bestia le harán una estatua y exigirá una marca en la mano derecha o en la frentpara comprar y vender,(666) en ese periodo de tiempo Escrito esta en **Apocalipsis 13:5** A la bestia (anticristo) se le permitió decir grandes blasfemias contra Dios, y se le dio **autoridad** para **hacer todo lo que quisiera** durante **cuarenta y dos meses. (ó 3 años y medio) (fase final de apocalispsis)**

Pasaran cosas tan espantosas e inimaginables el anticristo representantara el engaño más grande para los judíos que No creyeron a la verdad y para Todos los habitantes de la tierra que no son judíos quienes también rechazaron la verdad: a el verdadero Mesías y Dios Jesuscristo y su Poderosa Palabra (la Biblia).

Será una época espantosa, el tiempo de la ira de Dios sobre la tierra, Su Justo y Perfecto Juicio al que se refiere Apocalipsis el GRAN DIA DEL SEÑOR

Donde solo en su Gran Mayoría un remanente de Judios creerá en el verdadero mesías Jesuscristo y al final será salvo !! Si! solo un remanente de el Pueblo de Israel □□ Debido a que en el periodo de Apocalipsis Dios se enfoca ahora en su pueblo de Israel, porque la Plenitud de los Gentiles ya se cumplió, y los Gentiles que de verdad creyeron en el periodo de la Gracia se fueron en el arrebatamiento volaron a la gran fiesta que esta en el Cielo. Y los gentiles que se quedaron pues un muy muy pequeño porcentaje se salvara ya que el tiempo de los gentiles paso y ahora es el tiempo de el pueblo judio de Dios.

Mientas que en medio de la pelicula de terror (Apocalipsis) que hay en la tierra un Remanente Judio en su Gran Mayoría Remanente Fiel Judio le creerá a Jesuscristo y serán marcados para Dios y Jesuscristo! y ellos rechazaran a esa bestia llamada anticristo a su estatua y a su marca 666 de compra y venta y jamas lo adoraran, (porque todo aquel que se atreva a adorar al anticristo como a su estatua se perdera por la eternidad, sera igual que ponerse la marca de compra y venta 666.)

El remanente del pueblo judio que se salve seran los elegidos por el Señor porque creyeron a la Verdad a Jesuscristo. (Más detalles en Apocalipsis)

Serán tiempos de angustia como jamás han existido en la tierra ni volverán a existir porque después d**e estos 7 años (Apocalipsis) vendrá el Fin!** con la segunda venida de Jesuscristo quien aparecerá en el cielo como Rey Glorioso **y todo ojo lo verá! El se Pondrá sus pies sobre el Monte de los olivos y** Todos sabrán que solo EL es el único REY TODOPODEROSO y el Mismo DIOS y muchos se lamentaran aquel día.

Estas 70 semanas están divididas en 3 periodos.

Daniel 9:24-27

Periodo ⇨	Primer Periodo	Segundo Periodo	Dispensación de la Gracia	Tercer Periodo
Duración ⇨	7 Semanas	62 Semanas	2000 años	1 Semana
Historia ⇨	Desde la orden para edificar a Jerusalén.	Hasta la entrada de Cristo a Jerusalén como el Mesias.	Desde la crucifixión de Cristo. La Destrucción de Jerusalén (70 D.C). La Formación de la Iglesia de Cristo. Hasta el Arrebatamiento (El Rapto).	Desde la firma del pacto de paz. La Gran Tribulación. Hasta la Segunda Venida de Cristo.

Nota: A continuación verá el significado de "semanas" en términos Bíblicos.

Aquí estamos
El Presente

Nota: el tercer periodo del la foto **es Apocalipsis** o la ultima semana de daniel para cerrar con la semana 70

Asi que una vez sucedido el arrebatamiento inmediatamente empieza Apocalipsis o la ultima semana de Daniel

Les recomiendo vean la pelicula de Hollywood de Nicolas Cage:

Left behind o el rapto

Y aunque ellos NO conocen de Dios realizaron esta pelicula inspirados por las profecias de las Biblia.

-----------------CAPITULO 10

Daniel sueña con ángeles

10 1-3 Daniel también escribió:

«Yo tuve otro sueño acerca de lo que estaba por pasar. Cuando eso sucedió, Ciro (Rey de Medo-Persa) llevaba ya tres años como Rey de Persia. También ese sueño era muy difícil de entender, pero yo me propuse entenderlo, y lo logré.

»Durante tres semanas estuve muy triste. No comí carne ni tomé vino, ni
probé nada de lo que me gustaba. Tampoco me puse ningún perfume. **4** El día
veinticuatro del mes de Abib,(Marzo-Abril) yo estaba a la orilla del gran **río**
Tigris.(esta ubicado en Mesopotamia entre Irak, Turquía y siria) **5** De
pronto, miré a alguien parecido a un hombre. Estaba vestido con ropa de lino,
y tenía puesto un cinturón de oro puro. **6** Su cuerpo parecía estar hecho de
cristal amarillo,(como Oro) y su cara tenía el brillo de un relámpago. Sus ojos parecían llamas de fuego, sus brazos y sus pies brillaban como metal pulido, y hablaba tan fuerte que su voz sonaba como el murmullo de mucha gente. Se trataba del ángel Gabriel.

7-8 »Cuando tuve este sueño, yo estaba solo, pues los que estaban conmigo se asustaron tanto que fueron a esconderse. Hasta yo mismo me puse pálido de miedo, y sentí que me desmayaba.

9 »Al oír que el ángel me hablaba, me desmayé y caí de cara al suelo. **10** Pero
el ángel me ayudó a levantarme, y me puso de rodillas, con las manos sobre el
suelo. **11** Entonces me dijo: “Daniel, levántate y escucha bien lo que voy a
decirte. Dios te ama, y por eso me envió a darte este mensaje”.

»Mientras el ángel hablaba conmigo, yo me puse de pie, pero seguía
temblando. **12-14** Y el ángel me dijo:
“Daniel, no tengas miedo. Dios escuchó tus oraciones desde el primer día, cuando trataste de entender ese sueño tan difícil y te humillaste ante EL. Por

eso Dios me envió a decirte que **tú has visto lo que va a pasarle a tu pueblo(Israel) en el futuro.**

"Yo iba a venir antes, pero no pude hacerlo porque, durante veintiún días, el ángel (Caído-Malo príncipe) encargado de cuidar al reino de Persia me lo impidió. Yo me había quedado solo, junto a los reyes de Persia, pero vino en mi ayuda **Miguel, uno de los ángeles más importantes de todos".**

15 »Mientras el ángel Gabriel me decía todo esto, yo me quedé callado y sólo
miraba al suelo. **16-17** Entonces alguien más, que también parecía un hombre,
me tocó los labios. Yo le dije al ángel que estaba conmigo: "Mi señor, lo que estoy viendo me llena de angustia y me deja sin fuerzas. ¿Cómo quiere usted que le hable, si casi no puedo respirar?
"

18 »Aquel personaje volvió a tocarme, y me dio nuevas fuerzas. **19** Me dijo:
"¡No tengas miedo, ni te preocupes de nada! ¡Alégrate y ten valor, pues Dios te ama!"
»Y mientras me decía esto, sentí que me volvían las fuerzas. Entonces le dije: "Mi señor, ahora puede usted hablarme, pues ya tengo nuevas fuerzas".

20 »Entonces aquel personaje(angel Gabriel) me dijo: "He venido a verte porque tengo que pelear con el ángel (caído-príncipe) encargado de cuidar a Persia(irán). Cuando yo termine de pelear contra él, vendrá el ángel encargado de cuidar a Grecia. (**Nota:** Otro angel-caído-principe que cuidaba o custodiaba esos Imperios paganos)

21 En mi lucha contra él, sólo cuento con la ayuda de **Miguel, que es el ángel que protege** a **Israel**. Ahora yo te voy a explicar lo que dice el **libro de la verdad**"».

----------Capitulo 11

Guerras entre norte y sur

11 Y aquel personaje (ángel) siguió diciendo:
«Durante el primer año del reinado de Darío en Media (Imperio Medo), yo le brindé mi ayuda y mi apoyo.

2 Y es que Persia todavía tendrá tres reyes.

Nota: (Serian estos 3 reyes: **El primero seria (Jerjes I Grande)**, el hijo del rey Dario I, este Jerjes I conocido como Asuero en el libro de Esther de la biblia, fue el mismo que peleo contra Leonidas I de Esparta con sus 300 hombres de allí sacaron la famosa película de 300)

el segundo rey que surgiría seria (Antajerjes I) el hijo de Jerjes I, y luego vendría **el tercer rey** Oco Dario II, el hijo de Antajerjes I

Después vendrá un **cuarto rey**, que será más rico que los tres anteriores. Será tan rico y poderoso que atacará al reino de Grecia.

Nota: (Este 4 Rey seria Dario III, el Rival preferido de de Alejandro magno, y cuenta la historia que Alejandro Magno, al ver el cadáver de Darío, lloró y lo cubrió con su manto, diciendo: "*No era esto lo que yo pretendía*".
Así que Dario III fue el ultimo rey de la dinastía persa (Iran).

Porque el imperio griego Gobernado por Alejandro magno o Alejandro el grande derroto a el imperio Medo-Persa y seria la próxima bestia que gobernaria la tierra : El Imperio Griego- la tercera Bestia de leopardo que vio Daniel en las profecias Biblicas

Seguimos con la biblia:

3 »Después vendrá un rey muy valiente, que gobernará un gran imperio y hará lo que se le antoje. **Nota:** (Este fue Alejandro magno del imperio griego)

4 Cuando su reino ya esté bien establecido, será destruido y **se dividirá en cuatro partes.**
Este rey no les dejará el poder a sus hijos, ni será tan poderoso como antes fue, porque su reino estará dividido y en su lugar gobernarán otros reyes.

Nota: (Alejandro magno No dejo hijos como sucesores así que **El imperio griego fue dividido en 4 Reinos en 4 reyes)**

5 »El **rey del sur (Los Ptolomeo-Egipto)** será muy poderoso,
pero uno de los jefes de su ejército le ganará en poder y controlará a muchas naciones y pueblos.

□ **Nota:** El reino del sur se refiere a los Ptolomeos: La **dinastía ptolemaica** fue fundada por Ptolomeo I Sóter, general de Alejandro Magno Uno de los 4 Reinos de Grecia. Esta dinastía gobernó en el Antiguo Egipto durante el período helenístico o griego se denominó así debido a que **el imperio Griego** había dominado Egipto □□)

Ahora bien esta es la primera linea de tiempo profético que se cumplio pero aun falta que se cumpla el ultimo tiempo profético de Apocalipsis, y es que **estas profecias tambien son para Apocalipsis la Revelación final, asi que presta atencion a los detalles...**

Seguimos con la biblia:

6 Después de algunos años, el **rey del norte (Los Seleucidos-Siria-Mesopotomia Otros)** y el **rey del sur (Ptolomeos-Egipto)** unirán sus fuerzas.

Para que haya paz entre ellos, el **rey del norte (Los Seleucidos-Siria-Mesopotamia y otros)** se casará con la hija del **rey del sur (Ptolomeos-Egipto)**.
Sin embargo, este plan no tendrá éxito porque matarán a la hija y a su esposo, junto con su hijo y sus criados.

7 »Un miembro de la familia del **rey del sur (Ptolomeos-Egipto)** peleará contra el ejército del **Rey del norte (Los Seleucidos-Siria)** y lo vencerá; luego ocupará el castillo del rey, y con su ejército lo controlará todo.

8 Se llevará a **Egipto** sus dioses de metal, y otros objetos de oro y plata. De este modo, durante algún tiempo NO habrá guerra entre estos **dos reinos.**

9 »Tiempo después, el **rey del norte (Los Seleucidos-Siria)** tratará de conquistar al **reino del sur (Ptolomeos Egipto)**, pero tendrá que regresar a su tierra.

10 Entonces los hijos del **rey del norte (Seleucidos-Siria)** se enojarán y reunirán un gran ejército para luchar contra el **rey del sur.**
(Ptolomeos Egipto)
Y lo atacarán, y llegarán hasta el castillo de ese rey. A su paso lo destruirán todo, como si fueran un río desbordado.

11 »Ante este ataque, el **rey del sur (Ptolomeos-Egipto)** se enojará mucho. Entonces saldrá a luchar contra el ejército del **rey del norte (Seleucidos Siria)**, y lo derrotará por completo.

12 Esta victoria hará que el **rey del sur (Ptolomeos Egipto)** se vuelva muy **orgulloso.** Pero su orgullo no le durará mucho tiempo,

13 porque el **rey del norte (Seleucidos siria)** organizará **otro ejército, más grande** y mejor preparado que el primero, y después de algunos años volverá a atacar al
rey del sur (Ptolomeos) y lo vencerá.

14 »En ese tiempo, **muchos se unirán** al **rey del norte (Seleucidos Siria)** para pelear contra el rey del sur(**(Ptolomeos Egipto).** Tal y como lo viste en tu sueño, entre ellos habrá algunos **israelitas malvados**; pero **no les irá bien**, pues serán derrotados.

15 El **rey del norte(Seleucidos Siria)** construirá una rampa alrededor de una ciudad amurallada, y subirá a sus muros y la conquistará. ¡Ni los soldados más valientes del sur podrán detener al ejército enemigo!

16 El rey conquistador (Seleucidos Siria) hará lo que quiera, y nadie se atreverá a hacerle frente. Destruirá todo lo que encuentre a su paso, y se quedará en la tierra **más hermosa.(Israel)**

17 »**El rey del norte(Seleucidos Siria)** tratará de vencer por completo al **rey del sur (Ptolomeos Egipto)** Para quedarse con su reino, **firmará la "paz"** y dejará que su hija se case con él. Pero **su plan No tendrá éxito.**

18 Entonces atacará las ciudades que están a la orilla del mar, y a muchas de ellas las conquistará. **Pero un jefe del ejército terminará con esto**, y pondrá en vergüenza al **rey del norte. (Seleucidos siria)**

19 Así el **rey del norte(Seleucidos siria)** volverá a sus castillos, pero un accidente le causará la muerte, y nadie más volverá a hablar de él.

20 »Su lugar lo ocupará otro rey, que para hacerse rico enviará uno de sus criados a cobrar impuestos. Pero pocos días después morirá, aunque no en la guerra.

21 »Después **de ese** rey **vendrá un** malvado,
(Figura de anticristo) que NO merecerá ser rey, pero que llegará a serlo por medio de engaños, y sin que nadie se dé cuenta de sus intenciones.

22 Ese malvado derrotará por completo a los ejércitos enemigos, y también al **príncipe con quien hizo un tratado (de "paz").**

23 Engañará también a sus amigos, y a pesar de NO tener un gran ejército **logrará sus propósitos.**

24 »Ese **malvado** tomará por sorpresa las tierras más ricas del lugar, y hará lo que no hicieron sus padres ni sus abuelos: repartirá entre sus soldados las riquezas que hayan ganado en la guerra, y hará planes para conquistar a las ciudades más protegidas. Pero esto **no durará mucho tiempo.**

25 Sin embargo, se sentirá tan poderoso que, con su gran ejército, atacará al **rey del sur.(Ptolomeos Egipto)**

»Pero el **rey del sur(Ptolomeos Egipto)**se le enfrentará valientemente, apoyado por su ejército grande y poderoso. Sin embargo, este rey será traicionado y no podrá resistir los ataques de sus enemigos.

26 Sus propios amigos, a quienes invitaba a comer en su propia mesa, serán la causa de su desgracia. Y así, su ejército perderá la guerra, y muchos de sus soldados perderán la vida.

27 »**Estos dos reyes (rey del norte (seleucidos siria)** y **Rey del sur (Ptolomeos)** se sentarán a comer en la misma mesa, pero sólo pensarán en **hacerse daño.**
Se engañarán el uno al otro, pero ninguno de los dos logrará su propósito, porque todavía no será el tiempo adecuado.

28 Después de llevar a cabo sus planes, el **rey del norte(seleucidos siria)** regresará a su país, llevándose todo lo que ganó en la guerra.
»Pasado el tiempo, el **rey del norte (seleucidos) (Figura de anticristo) NO** cumplirá con el tratado de **paz** que hizo.

29 Al contrario, en el momento preciso volverá a luchar contra el **rey del sur (Ptolomeos Egipto)**, sólo que esta vez NO triunfará.

30 Vendrá en barcos un **ejército del oeste**, y lo atacará. Esto le dará tanto miedo que **lo hará huir.** Entonces les hará caso a quienes, por estar a su servicio, **no cumplieron con el tratado de paz.** Será **tanto su odio** que hará cosas terribles en contra de ese **tratado (de "paz").**

31 »Sus soldados (Los del rey del Norte- Seleucidos) NO respetarán el templo (de Jerusalén) ni la ciudad amurallada. No permitirán que se presente la ofrenda de todos los días, y en su lugar ofrecerán algo asqueroso. (Abominación)

32 El rey **(del Norte-Seleucidos)(Figura de anticristo)** tratará de ganarse la simpatía de los que no cumplieron con el tratado de paz, pero los que **aman a su Dios se mantendrán firmes y no le harán caso.**

33-35 »Los maestros del pueblo **(Israel)** enseñarán a mucha gente a mantenerse **fieles a Dios**, aunque serán **perseguidos. A unos los matarán, a otros los quemarán, y a otros les robarán todas sus pertenencias.** Muchos de ellos serán llevados como **esclavos** a otros países. Mientras esto suceda, no les faltará un poco de ayuda, aunque muchos se unirán a ellos sólo por conveniencia. **Todo esto sucederá como preparación, para que puedan resistir mejor otras pruebas.** Pero esto durará sólo un poco de tiempo, **hasta que llegue el momento final señalado por Dios.**

36-37 »El rey del norte (Seleucidos Siria)(este rey malvado es Figura futura de el anticristo de Apocalipsis o su precursor) hará todo lo que quiera. Será tanto su **orgullo** que se **creerá superior** a todos los dioses(falsos). Hasta llegará a **ofender** gravemente al verdadero Dios.
Y todo le saldrá bien, pero sólo **hasta que Dios lo castigue,** porque lo que Dios tiene que hacer lo hace.

38 »Este rey (Figura del anticristo) adorará al dios de las ciudades amuralladas,("fortalezas") **dios al que ni sus padres ni sus abuelos adoraron,** y hasta le ofrecerá oro, plata, piedras preciosas y objetos de mucho valor.

Nota: En esta foto vemos a Jared Kushner **el primer judio en la historia** en lograr el **inicio del plan de paz entre Israel y los paises arabes** a este acuerdo le han llamado **los acuerdos de abraham**, el acuerdo del siglo, un acuerdo sin precedentes.
Porque un judio ha logrado convencer a los principes mas poderosos de la liga arabe en este acuerdo de paz histórico con los paises de medio oriente donde cada dia se suman mas paises arabes. acuerdo que jamas imaginaron ya que los judios y los arabes han sido enemigos toda la vida.
Sin embargo este judio se le permitió tener el poder para lograr este acuerdo del siglo donde ya 5 paises ha firmado la paz con israel.

La biblia es muy clara en cuanto al perfil del anticristo el cual sera la antítesis de JESUSCRISTO lo copiara en casi todo para la maldad y buscara hacer creer que cumple con ciertas profecias para engañar a los judios.

La palabra de Dios nos advierte en muchos versos (que luego podran verlos en el estudio que haremos del anticristo) que este hijo del diablo sera judio para engañar a los judios y asi copiar a nuestro Señor Jesuscristo quien en su humanidad nacio como judio, y ademas dira que viene del linaje del rey david traera una falsa paz entre israel y los paises arabes y promovera la reconstruccion del tercer templo donde se sentara despues y efectuara la abominación desoladora.

Cabe destacar que este judio fue nominado al premio nobel de la paz, ademas compro el edificio de la 5ta avenida de Manhattan llamado el **666,** tiene mucho poder y dinero y fuertes vinculos politicos tanto asi que el primer ministro de Israel durmio en su cuarto y el tuvo que dormir en el sótano cuando el era un adolescente, es como si fuera este sujeto fuera un predestinado.

Y hay mas!... pero por ahora lo dejamos hasta aqui, porque luego pasare el estudio del anticristo con todos los versos de la biblia, pero si es importante que sepan que ya se inicio LOS ACUERDOS DE ABRAHAM. Ya se dijo Paz y Seguridad

La biblia nos habla de esta falsa "paz" inclusive en el libro de tesalonisenses dice
1 tesalonisenses 5:3 **que cuando digan: Paz y seguridad**, entonces vendrá sobre ellos destrucción repentina, como los dolores a la mujer encinta, y no escaparán.

Es decir que estemos atentos porque esa destruccion repentina se refiere a el inicio de Apocalipsis pero sabemos que este evento no sucederá hasta que no ocurra el arrebatamiento, una vez que suceda el arrebatamiento que sera en un abrir y cerrar de ojos como lo indica la biblia, entonces de inmediato comienza Apocalipsis o la ultima semana de Daniel.

Es importante que continuemos este estudio de Daniel con apocalipsis pero para ello debes dominar el libro de Daniel, Mateo 24 entre otros capítulos vitales proféticos Isaias etc, que se enlazan con apocalispsis y determinan el gran patron de los ultimos tiempos, tiempos que se iniciaron y en los cuales estamos en la fase de la transición hacia la conformacion de este 4 sistema bestial donde se sentara el anticristo a gobernar el mundo junto con 10 reyes o lideres donde derrocara a 3 y se quedara con 7 lideres.
Y luego a la mitad de Apocalipsis es decir a los 3 años y medio iniciado Apocalipsis se hará pasar por dios en la tierra sentandose en el tercer templo de jerusalen Y EXIGIENDO ADORACION Y LA COLOCACION DE LA MARCA EN LA MANO DERECHA O EN LA FRENTE 666.

Bueno actualmente estamos en los primeros dolores de parto, como esta escrito en Mateo 24.

Jared Kushner liderando y llevando el plan de paz historico entre judios y arabes llamado los acuerdos de abraham o el acuerdo del siglo.

Aqui vemos a un judio de renombre Jared Kushner haciendo acto publico y por primera vez en la historia pisando una mezquita junto con un arabe, ademas mostrando como publicidad la mezquita en sus manos eso algunos aÑos hubiese sido impensable e imposible. Que un judio de renombre entre a una Mezquita públicamente esto se cuenta y no se cree

Jared kushner logro convencer al principe de Arabia Saudita y a el Principe de los emiratos arabes principales lideres de la liga arabe en el acuerdo de paz, es decir un judio influye en principes arabes poderosos por primera vez en la historia actual Desde que Israel se hizo nacion en 1948 como lo profetizo la biblia.

Arriba dice el inusual poder de Jared Kushner

Aqui en la revista Time dice: el buen hijo, y yo me pregunto el buen hijo de quien?

Hay un mensaje oculto...

la biblia nos advierte que el anticristo sera el hijo del maligno o diablo que vendra con apariencia de carisma y solucion con una falsa paz entre judios y arabes.

Y en esta ultima revista hacen la alusion de Jared como Presidente.

Aqui el Llevando el Plan de Paz, seguridad y prosperidad Historico.

Sigamos con las profecias con los simbolos del rey del norte y el rey del sur:

39 Para defender las ciudades conquistadas, pedirá el apoyo de un ejército que adora a otros dioses. Y a todos los que le rindan honores, los recompensará con puestos muy importantes y con grandes territorios.

40 »Cuando llegue el momento final, **el rey del sur (Ptolomeos Egipto)** atacará al **rey del norte, (Seleucidos siria)** pero éste responderá a los ataques. Saldrá al frente de carros de guerra, y de todo un ejército montado a caballo, y apoyado por muchos barcos. ¡Caerá sobre todo el país, con la fuerza de una tormenta!

41 (el rey del norte (seleucidos siria) (figura precursora del anticristo) **También invadirá la tierra más hermosa, (Israel)** y matará a muchísimas personas; sin embargo, no les pasará nada a los que viven en Edom y Moab, ni a la mayoría de los que viven en Amón.

42 »El ejército del **rey del norte (seleucidos siria)** conquistará varios países, y ni siquiera **Egipto** se escapará.

43 El rey (del norte) (seleucidos siria) se llevará todos **los tesoros de Egipto (del rey del sur (Ptolomeos)** : el oro, la plata y todas sus riquezas. Después de eso, conquistará **Libia y Etiopía**.

44 »Pero le llegarán noticias del **este y del norte**, que le darán mucho miedo. Se enojará tanto que querrá matar a muchos.

45 (este rey del norte (seleucidas siria) (Nota: figura del anticristo futuro de Apocalipsis) Entonces pondrá su campamento entre el mar y la montaña de Dios, que está en la tierra más hermosa. **(Israel)** Allí le llegará la hora de su **muerte,** y nadie podrá ayudarlo.

Nota: Claramente la palabra de Dios se cumple en varios tiempos proféticos, en estos versos del capitulo 11 se cumplió con la guerra de estos 2 reinos norte (seleucidas Siria) y sur (ptolomeos Egipto) nacidos de el antiguo imperio Griego después de la muerte de Alejandro Magno, eso sucedió hace mucho tiempo, inclusive ese perverso rey del norte (seleucidas siria) que surge en **el verso 21 del capitulo 11, llamado antioco epifanes** realiza la abominación desoladora sacrificando algo asqueroso en el 2do templo de Jerusalen, eso sucedió muchísimos años antes de que Nuestro Señor Jesuscristo naciera.

Sin embargo sabemos que este antioco epifanes solo era una figura o precursor del anticristo que aparecerá en un futuro en Apocalipsis.

Y este anticristo que aparecera en Apocalipsis claramente gobernara el mundo pero tendra una guerra contra un rey del sur, (símbolo) que aun No sabemos quien es, porque ese evento pertenece a el futuro y se ira revelando a medida que el tiempo avanze cuando se manifieste ese inicuo hijo del diablo en Apocalipsis.

La biblia lo advierte claramente en:

Mateo 24:15 **Llegará el día cuando verán** de lo que habló el **profeta Daniel**: *el objeto sacrílego que causa profanación de pie en el Lugar Santo.* (Lector, ¡presta atención!). **16** Entonces los que estén en **Judea(Israel)** huyan a las colinas. **17** La persona que esté en la azotea no

baje a la casa para empacar. **18** La persona que esté en el campo no regrese ni para buscar un abrigo. **19** **¡Qué terribles serán esos días** para las mujeres embarazadas y para las madres que amamantan! **20** Y oren para que la huida no sea en **invierno** o en día de **descanso (Shabat o Sábado)**. **21** **Pues habrá más angustia que en cualquier otro momento desde el principio del mundo. Y jamás habrá una angustia tan grande.**
(**Nota:** sera el tiempo de la ira De Dios, Apocalipsis)

---------------CAPITULO 12

Los días finales

12 »En ese tiempo aparecerá **Miguel**, que es **jefe de los ángeles** y **defensor de Israel**.

»Serán días de grandes preocupaciones, (**Apocalipsis**)
como no las ha habido
desde que Dios creó este mundo.
Cuando llegue el momento,
Dios pondrá a salvo
a todos los de tu pueblo. **(Israel)**
Ya el nombre de ellos está escrito
en el libro de la vida.

2
Ese día volverán a vivir
muchos de los que ya han muerto. **(Resurrección)**
Unos se levantarán de la tumba
para vivir para siempre,
pero otros volverán a vivir
para sufrir por siempre
la vergüenza y el horror. **(Nota: segunda muerte infierno y lago de fuego y azufre)**

3
Pero los **maestros sabios, (los entendidos, los Justos(Justificados y nacidos de nuevo por la sangre de Jesuscristo)**
que enseñaron a muchos
a andar por el buen camino,
brillarán para siempre
como las estrellas del cielo.

4 »Y tú, Daniel, no digas nada de esto a nadie. Mantén cerrado el libro **hasta que llegue la hora final,** pues muchos andarán de un lado a otro queriendo saber más».

5 Yo, Daniel, vi también a otros dos hombres. **(Angeles)** Uno de ellos estaba en una de las orillas del río, y el otro estaba en la orilla opuesta.

6 Mientras el ángel vestido con ropa de lino estaba parado sobre las aguas del río, uno de aquellos hombres le preguntó:

—¿Cuándo dejarán de suceder estas cosas tan maravillosas?

7 El ángel levantó las manos al cielo y, en el nombre del Dios de la vida, juró:

—Esto terminará cuando termine la destrucción del pueblo de Dios, (Israel) es decir, dentro de tres años y medio.
(Nota: estos son los últimos 3 años y medio o 1260 días o 42 meses llamados la Gran Tribulacion y fase final de Apocalipsis)

Recordemos que Apocalipsis o la ultima semana de Daniel solo durara 7 años o una semana, sera la peor epoca de la humanidad desde la fundación del mundo)

Sigamos leyendo las profecias...

8 Yo oí lo que el ángel dijo, pero no entendí nada. Por eso le pregunté:
—Mi señor, y después de que haya pasado todo esto, ¿qué sucederá?

9 El ángel me contestó:
—**A ti, Daniel, te toca llevar una vida normal**. Nadie debe saber nada de todo esto, hasta que llegue la hora final. (Nota:el tiempo del fin)

10 Muchos van a sufrir por todo lo que te he dicho, pero después de ese sufrimiento serán mejores personas. La gente malvada seguirá siendo malvada, y no se dará cuenta de lo que estará sucediendo. **Pero los maestros sabios (los entendidos) sí se darán cuenta de todo.**

11-12 »A partir del momento en que No se permita presentar las ofrendas diarias,_
y que se **ofrezca** en el **templo (de Jerusalen)** de **Dios** algo horrible y asqueroso, **pasarán mil doscientos noventa días**. **(Nota: 3 años y medio y un poquito, esta cuenta se saca en base a el calendario judío de 360 días)** **Felices los que esperen todo ese tiempo confiando en Dios.**

13 Y tú, Daniel, vive tranquilo hasta el día de tu muerte. Cuando llegue la hora final, te levantarás de entre los muertos para recibir tu premio.»

Nota: **En el verso 9, 11 y 12 se nos aclara que el anticristo ofrecera algo asqueroso en el tercer templo de Jerusalén justo un mes o días antes de la mitad de Apocalipsis porque despues que el haga la abominación desoladora los creyentes deben ser fieles y esperar confiando en Dios por 1290 días o 3 años y 7 meses hasta que llegue el fin de Apocalipsis (7 años o ultima semana) se culmine las 70 semanas de Daniel.**

Esta historia Veridica y sin precedentes continua con Apocalipsis...

Printed by Books on Demand GmbH, Norderstedt / Germany